全民科学素质行动计划纲要书系

走进女科学家的世界

大猩猩山

野生动物学家艾米·维德尔

[美] 瑞妮·艾伯索勒 著

于国君 译

科学普及出版社
· 北京 ·

图书在版编目（CIP）数据

大猩猩山：野生动物学家艾米·维德尔／（美）艾伯索勒著；于国君译.
—北京：科学普及出版社，2009.1
（走进女科学家的世界）
ISBN 978-7-110-06722-2

Ⅰ.大... Ⅱ.①艾...②于... Ⅲ.维德尔—传记 Ⅳ.K837.126.15

中国版本图书馆 CIP 数据核字（2008）第 044084 号

自 2006 年 4 月起本社图书封面均贴有防伪标志，未贴防伪标志的为盗版图书

策划编辑：许 慧 单 亭
责任编辑：许 慧 高立波
责任校对：林 华
责任印制：安利平

科学普及出版社出版
北京市海淀区中关村南大街 16 号 邮政编码：100081
电话：010-62103210 传真：010-62183872
http://www.kjpbooks.com.cn
科学普及出版社发行部发行
北京时捷印刷有限公司印刷
*
开本：720 毫米×1000 毫米 1/16 印张：7.25 字数：150 千字
2009 年 1 月第 1 版 2009 年 1 月 第 1 次印刷
ISBN 978-7-110-06722-2/K · 78
印数：1—5000 册 定价：26.00 元

（凡购买本社的图书，如有缺页、倒页、
脱页者，本社发行部负责调换）

丛书简介

  《走进女科学家的世界》系列丛书介绍了诸多热衷于科学研究的女性的真人真事。她们中有些人在年轻时就立志要成为科学家，其他人则更晚一些才有这个想法。有些科学家在事业旅程中克服了许多个人以及社会方面的困难，而另一些人的科研道路则可以用平坦宽阔来形容。虽然她们的背景和人生经历不尽相同，但这些非同寻常的女性们都有一个共同的信念：她们所做的工作非常重要并且这些工作可以使世界变得更美好。

  与其他的传记体丛书不同，《走进女科学家的世界》收录的是当今正在从事科学研究的女科学家的故事。书中记述的每位女科学家都通过各种方式参与到书籍的创作之中，包括讲述自己生活中的一些重要细节，提供个人照片以及其中的故事，动员家人、朋友及同事接受采访，以及解释她们的专业知识以启发和指导青少年读者。

  本系列丛书能够顺利出版还离不开萨拉·李·斯库普夫和美国国家科学院的无私帮助，他们不仅坚信追求科学真理是我们认识世界的重要手段，而且相信女性一定会在科学的各个领域发挥重要作用。他们希望随着《走进女科学家的世界》的出版，其中那些从充满好奇的女孩变成富于创新和求知精神的科学家的故事能给读者以启迪，并且能够激励那些有天赋和精力的年轻人去思考相似的问题。虽然科研工作的挑战巨大，但其回报却更加丰厚。

本书作者简介

　　瑞妮·艾博索勒写作野生动物等各种野性故事，她的作品拥有广泛的读者群。她的有关科学、自然和环境的文章发表在《国家野生生物》、《奥特朋》（以美国鸟类学家、画家及博物学家奥特朋命名的科普杂志。*Audubon*，1785~1851)、《野生生物保护》、《科学现状》和《国家地理发现》等杂志上。她认为科学写作是世界上最有趣的工作，因为每个故事都是一次历险，也是同激发灵感的著名人物的一次会面。瑞妮·艾博索勒现在是《奥特朋》杂志的资深编辑，同丈夫麦克尔住在纽约市。

本丛书还有：

◆ 基因猎手：神经心理学家南茜·韦克斯勒

◆ 骨骼侦探：法庭人类学家戴安娜·弗兰茨

◆ 机器人世界：机器人设计师辛希娅·布利泽尔

◆ 超越木星：行星天文学家海迪·海默尔

◆ 强力：物理学家雪莉·杰克逊

◆ 预测地球的未来：气象学家冯又嫦

◆ 太空石：行星地质学家阿德瑞娜·奥坎普

◆ 活的机器：生物力学家米米·寇尔

◆ 人与人：社会学家玛塔·蒂恩达

目 录

充满野性的生活

在 20 世纪 70 年代末，非洲山地大猩猩的数量一度降到最低点，其数量之少，实际上它们已濒临灭绝。艾米·维德尔想要拯救大猩猩。她当时既年轻又天真，从未想过她是否能完成这一艰巨任务。艾米是位野生动物学家，研究动物生命的秘密。1978 年她前往非洲，希望详细了解大猩猩的生活习性，以免它们在地球上灭绝。

艾米不仅帮助拯救大猩猩，她把毕生精力全部投入山林历险，甚至成为了大猩猩家族的荣誉成员！

艾米越来越强烈地认识到自己保护濒危野生动物的渴望。自 20 世纪 70 年代末起，她走遍世界各地帮助拯救野动物。她可能在蒙古待上一整个月，学习如何保护濒危瞪羚，下个月她又可能出现在自家附近，观察在怀俄明黄石国家公园再度被发现的野狼。回到纽约，她带着城里的孩子们参观布朗克斯动物园，教导孩子们保护濒危动物是一项当务之急。

由于艾米的辛勤工作，使得很多动物种群数量迅速增长。野生动物的不少栖息地成了受到措施保护的公园，这一切让艾米倍感欣慰。

艾米·维德尔是如何开始保护野生动物事业的？原因很简单：她相信直觉，是直觉引导她走进了科学的殿堂。

艾米·维德尔是如何开始
保护**野生动物**事业的?

原因很简单:是她的直觉引导
着她,走进了**科学的殿堂**。

近距离接触

冰冷刺骨的雨水已经把艾米淋得浑身精湿。她蜷缩在森林中，刚发生的一切让她惊骇不定。一只4岁的大猩猩"帕布鲁"坐在她身边，紧靠着她的胳膊肘。一遇到坏天气，帕布鲁总是跑到它妈妈那儿寻找庇护。现在，它被妈妈遗弃，它看来得把艾米——这个穿雨衣的"白猩猩"——当自己的母亲了。

几分钟前艾米注意到帕布鲁的行为有点儿奇怪。它朝艾米走来，一边把它的下巴拉得低低的。平常它总是从她身边跑过去，顺便踢她一下。今天可不是这样。

"它到底要干什么？"艾米想。"帕布鲁一般不会走太近，除非它想跟我玩耍。"

她停下抄写记录，等待帕布鲁给她进一步的示意。它走得更近了，然后把自己的头挤到艾米的胳膊下面，依偎着她。

1978年，在非洲中部的卢旺达，山地大猩猩帕布鲁（上图）4岁时，打算"接纳"野生生物学家艾米·维德尔（左页图）当自己的母亲。艾米的任务是帮助帕布鲁和其他山地大猩猩存活下来。

奇怪的一对

这是帕布鲁只有跟它妈妈才会做的动作。艾米肘下的庇护实在窄小，跟帕布鲁妈妈巨大多毛的上肢无法相比。但是看来帕布鲁并不在乎。它感激地贴靠在艾米身边，似乎获得了莫大的温暖。这让艾米怦然心动。

一只大猩猩就这样接纳了艾米，这让她既惊讶又兴奋。但她知道自己无论如何无法取代帕布鲁的母亲。归根到底，她是人类，而它是只大猩猩，她也清楚自己不能不分昼夜都跟帕布鲁待在一起。接着，她考虑的是如果自己把帕布鲁带在身边，这对大猩猩的生活会带来何等冲击？说到底，她究竟为什么跑到非洲中部的雨林里来呢？艾米想揭开一个谜：人类到底应该做些什么，才能让这些野生山地大猩猩存活下来？

跟帕布鲁一起坐在瓢泼大雨中，生物学家艾米的大脑在急速运转。她断定，一天前，帕布鲁的妈妈绝非无缘无故抛下四岁的儿子，加入另一个大猩猩群。"帕布鲁已经长大，完全能保护自己了"，艾米想。"如果它遇到什么麻烦，群落中其他大猩猩会来救它的。"

艾米决定，无论如何帕布鲁都得从自己的胳膊肘下爬出来，继续它自己的大猩猩生活。因此，艾米做了个告别的姿态，把帕布鲁从自己身边推开。

爸爸前来搭救

在后来的几天中，艾米一直在细心观察，不无焦虑地发现没有哪个成年雌性大猩猩主动呵护照料帕布鲁。这小家伙眼里带着怒气，扮着鬼脸，一次又一次靠近艾米，但艾米总是抱紧双臂，做出不欢迎的姿势对待它。

后来，惊人的一幕出现了。当森林上空乌云翻滚，雨滴飘落之时，艾米看到"贝多芬"（Beethoven）——大猩猩群中那位君王般的雄性银背前来相救，把帕布鲁遮护在自己厚实的前胸下面，为它遮风挡雨。这以后，每天晚上贝多芬都会用抽取一些植物的茎杆藤蔓，编成一个盘状的暖烘烘的窝。它让帕布鲁照自己的样子，在大窝旁边凑合做出一个小窝来。

成年雄性银背大猩猩——它们随着年龄的增长，后背上长出的一簇银色毛发，因此得名——是大猩猩群落的最高统治者。它们

山地大猩猩贝多芬的外形十分完美——几乎是个长满蓬松毛发的大球，以便在寒冷阴湿的环境中生存。一只山地大猩猩交叉双臂、蜷缩肩膀，靠这个姿势足以捱过几个小时的暴风雨。

是大多数后代的父亲，但把养育子女的任务留给母亲。帕布鲁是贝多芬的一个例外。

看着这对父子亲密相依的场面，艾米十分高兴。这难得一见的情景证明当初她赶走帕布鲁的决定是对的。即便如此，艾米依然为它的未来担忧。艾米不敢去想象它成年后会是什么样，会不会成为比贝多芬弱小得多的种群首领。她最大的希望就是帕布鲁能健健康康活下来。

盛夏时节，女孩子们挤进父母的车，到纽约**阿迪朗代克山**

他们家的小屋待上三个月。阿迪朗代克是**儿童的天堂**。

大山之旅

艾米幼时在她家房前屋后的森林和田野玩耍的时候,动物和大自然的一切就深深吸引着她。当时她父母住在纽约北部大约只有800人的小城帕拉廷·布里奇。

艾米生于1951年3月24日。在维德尔家的女儿中排行倒数第二。其他三个姐妹是:南茜、芭芭拉和玛丽琳。维德尔家的女孩儿们喜欢在她们家的这个乡间庭院玩耍,她们秋天踢树叶,剜南瓜;冬天搭冰塔、在冰冻的小溪上打滑;春天在同一条小溪中捞鱼捉泥鳅。

盛夏时节,女孩子们挤进父母的车,到纽约阿迪朗代克山他们家的小屋待上三个月。阿迪朗代克是儿童的天堂。这里有水有树林,很多孩子都在林子里玩耍!夏天她们在卡罗加湖上游泳、滑水,在柏油路上骑自行车,在废弃的网球场做游戏,在林子里奔跑。

不过,湖边生活并不总是美好的。一年夏天艾米在一次滑水中意外受伤,不得不住院好几天。当时,14岁的艾米已经在湖上滑

艾米5岁时就为大自然的美所吸引（左页图）。随着年龄渐渐增长，她对动物也越来越关注（上图）。

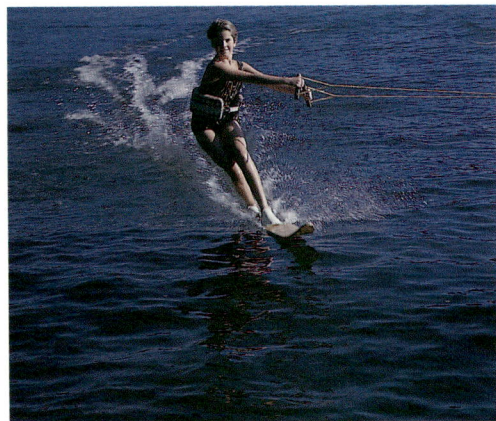

艾米1962年在卡罗加湖上展示滑水技巧。

了好几圈，她父亲在船上掌舵，开往他们家的船坞。艾米还想在湖里再滑上一圈，但还没等她告诉爸爸继续开船，她自己就撞上了木筏。

艾米觉得肺里的空气好像被抽空了。她吓得要死，整个人挂在木筏子边沿上，心里想着："千万不能松手。"

艾米的表哥在湖边自家门前看到了这一幕，他立刻冲到湖边跳进水中，及时救起艾米。艾米面色惨白，惊恐万状，任凭人们把她从水里打捞到木筏上。到了医院，医生们花了几个小时，给她修补肠道上豁出来的小洞。

经过几个星期的修养艾米渐渐康复，生活又恢复了原来的节奏。她经常跟姐妹和朋友在被他们称做"大石头"的树林里玩耍，有时她自己一人到林子里转悠，仔细观察红松鼠、花狸鼠和一种叫做"女士拖鞋"的粉红色花。

在帕拉廷·布里奇，艾米就与各种动物生活在一起。她的家里有不少宠物狗、长尾小鹦鹉、兔子和淡水鱼，还有一些别的动物，它们是人家送来让父亲治病的。艾米的父亲查克·维德尔是位兽医。

右图为维德尔家的女孩子们1960年夏天的合影，从左至右依次是：芭芭拉（11岁）、艾米（9岁）、玛丽琳（6岁）和南茜（13岁）。

在乡下，查克给邻近农场里的牛马看病，他们家还有个小型的动物医院，专看病猫病狗。

艾米的母亲玛丽恩是名护士。她把大部分时间都用在经营查克的生意和照料几个女儿上面。她还在动物医院协助给猫狗做手术。艾米和姐妹们也常去帮忙，每个维德尔家的姑娘都见识过牛犊和马驹降生。

艾米跟她家的小猎犬在一起。她带着它在附近的林子里闲逛，寻找稀奇的花，或坐在小溪边幻想。

因为父亲的工作时间很长，女儿们很少见到他。他常常用双向无线电步话机跟孩子们说晚安。查克和玛丽恩辛劳工作，以便送南茜、芭芭拉、艾米和玛丽琳上大学。爸爸和妈妈都受过高等教育，他们知道把钱花在教育上，能为女儿们实现理想铺平道路。良好的教育是一种优势。

"总有新的发现"

维德尔家的女孩子三年级以前都在幼儿园里度过。幼儿园离她们家不远，学校是座石头建筑。艾米上到三年级时，她向母亲展示自己流利地读报纸的本领。她大声朗读，前后颠倒，速度很快。艾米的母亲很奇怪，觉得自己的三女儿要么有天分，要么就是有点儿奇怪。艾米解释说："我总是在帮别人忙。我在班里坐在有问题的同学旁边，帮她学习怎么阅读。"

13 岁的艾米在她家的屋后享受阳光。在学校里她玩篮球、垒球，还是拉拉队队员，样样都很出色。在运动场外，她的功课也毫不逊色，理科和数学都名列前茅。

从小学到高中，无论上学还是课后，艾米一直表现得十分活跃主动。她什么都想尝试，从参加科学会展（在会展中她骄傲地展示自己搜集的石头和贝壳样本）到玩篮球、垒球和当拉拉队队员。与此同时，她学习刻苦用功，成绩也十分突出。1969 年高中毕业，她在班里成绩名列第一。

艾米准备考大学了，但是到底要学什么呢？数学还是生物？这两个都是她最喜欢的学科，取舍之间让她大伤脑筋。但是她最后还是选择了从长远看最适合自己的科目——生物学。夏天里在树林中的探寻让艾米享受到在野生环境中观察动物的乐趣，那里总有新的、不可预知的东西等待她去发现。就这样她拿定了主意。

榆树下的浪漫史

艾米只选了一所大学：斯瓦兹摩尔大学，一所位于宾夕法尼亚州的小型的贵格会（贵格会为基督新教的一个派别，译者注）学校。不仅是因为斯瓦兹摩尔拥有备受尊重的生物学教程，而且因为它的校园被一片小树林围绕。就像在她的家里一样，这片树林是艾米想要躲开一切时的避风港。

刚到斯瓦兹摩尔几天，艾米就遇到了一位叫比尔·韦伯的年轻人。比尔是大二学生，是个长曲棍球手，主修心理学。他也是在纽约北部的一个小镇上长大，童年也跟艾米一样，花了很多时间在他家附近的树林和田野里探东寻西。他们第一次相遇的那天，比尔恰好坐在斯瓦兹摩尔的草坪上，他注意到一个特别漂亮的新生。这女生一头褐色长发，面带迷人的微笑往他这边走来。比尔后来花了一个学期的时间才说动艾米同他约会外出。

艾米（下左）在斯瓦兹摩尔大学跟其他曲棍球手在搭人体金字塔。

跟在高中一样，艾米是专心致志的学生，不会被周围的社会和政治问题干扰分心。20 世纪 60 年代事件频发：越南战争、总统约翰·肯尼迪和马丁·路德·金遇刺。大学校园经常举行抗议活动，斯瓦兹摩尔大学更是和平抗议和罢课活动的温床。艾米深处各种事件的中心，但她仍然把精力集中于学习和体育运动上。

艾米潜心用功，很少有时间放松。不过，在她刚上大学的那年夏天，她决定改变一下，跟比尔的一帮朋友爬上一辆大车，朝佛罗里达东南部的乔纳森·迪金森国家公园进发。

他们在摇曳的棕榈树下露营，在迷宫般的水道中划船。他们狂吃鲜柚子，直到一个个吃得肚子痛。

寒假到来之时，比尔已经深深爱上了艾米，他想跟她一道经历生命中的所有历险。趁着假期，比尔开车来到艾米家求婚，给艾米送上钻石婚戒。

在1972年比尔临毕业的前两天，艾米和比尔的至近亲朋汇聚在斯瓦兹摩尔绿荫遍布的校园。艾米穿着简单的碎花连衣裙与自己最好的朋友比尔结合。结婚是艾米21岁那年期望完成的最后一件事，她说："感觉不错，一切顺理成章！"

艾米（下右）和她的男友比尔·韦伯（车棚上最左）从佛罗里达驾车游返回后跟大家的合影。

1972年6月，艾米和比尔在斯瓦兹摩尔校园内结婚的情景，两人即将宣读婚誓。

你喜欢的是一个苦差事

第二年艾米大学刚毕业，她就跟比尔决定作一次意义重大的探险。两人都在中学学过法语，所以这对新人向美国和平队（U.S. Peace Corp）递交了一份申请，希望到两个讲法语的地区——太平洋群岛和中非去工作。当二人得知他们被选中加入一个100多名志愿者教师组成的队伍赴扎伊尔时，他们想："真棒——不过，这个扎伊尔到底在什么地方呢？"很快他们就知道了，扎伊尔（今刚果民主共和国，简称DRC）在中部非洲的正中。

艾米的父母对她计划去非洲生活十分担忧。他们的女儿和新女婿要去的地方正处于战乱之中，政治动荡像瘟疫一样传遍了该地区的多个国家。但艾米一个劲儿安慰父母，保证他们不会出任何事情。

不过，在他们飞往非洲的途中，艾米开始觉得她父母也许是对的。当飞机从伦敦中转后飞往扎伊尔东部地区时，飞机驾驶员通告说，原计划在卢旺达停一站，但现在改停在邻近国家乌干达了。后来他们才知道：飞机降落的那天卢旺达发动了推翻政府的政变，机场被关闭了。

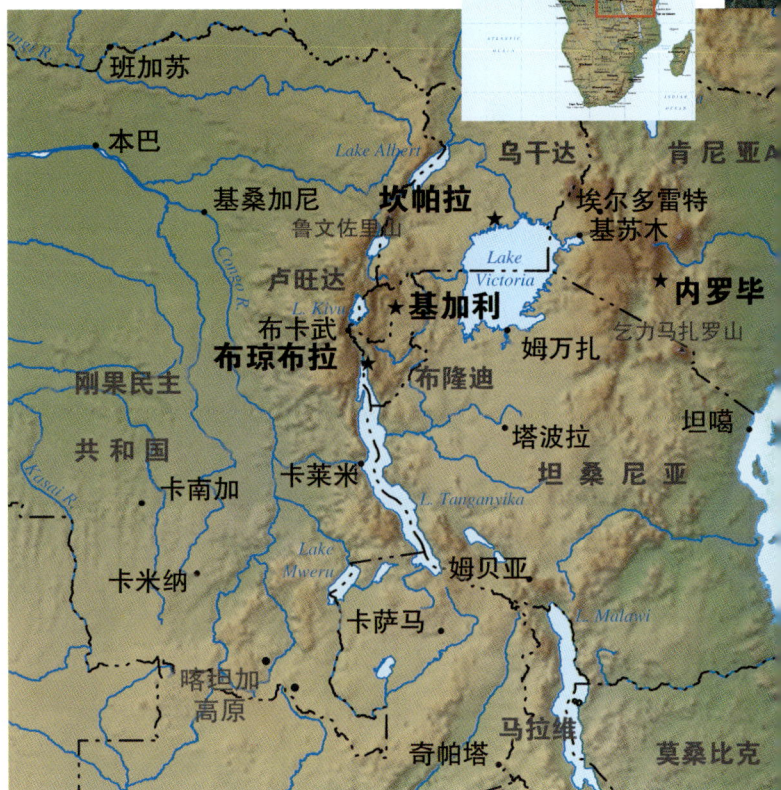

在毫无准备的情况下降落在乌干达，艾米感到十分不快。那时，乌干达政权掌握在乖戾又残忍的独裁者伊迪·阿明手中。就在两年前的1971年，阿明下令屠杀了几百个乌干达人。在这个国家降落让艾米很紧张，因为美国跟它已经断绝了任何联系。

拘留加搜查

飞机很快降落，加了油后又快速升空飞往扎伊尔。艾米好容易松了一口气，在座位上放松下来。但是，很快驾驶舱又传出话来："乌干达空中管制命令我们飞回机场。"过后大家才了解到，当时阿明正在机场接见某位来访的外国总统，见到有飞机起飞便起了疑心，一定要弄清这架飞机上有什么人，命令它立刻返回机场。

其后的50个小时，艾米、比尔跟所有和平队志愿者被扣押在卢旺达的恩塔布机场。身穿卡其布军装，肩背AK-47冲击来福枪的军人看守着他们。112名志愿者既无奈又紧张地等待着，任凭乌干达政府搜查他们的行李，挨个审问。

有几个在机场工作的乌干达人向艾米他们表示歉意。他们说："不要因这一次的经历给我们国家下判断。"艾米明白，这是政府所为，无关乌干达民众，但这无法缓解任何紧张气氛。时间在一分一秒地过去，艾米和比尔尽力让自己舒缓下来，他们跟其他志愿者聊天，吃乌干达人送来的食物。晚上，他

> 记者给艾米的父母打电话询问："女儿被扣押，你们有什么想法？"

们被允许看电视新闻节目，这才得知乌干达政府指责他们是外籍雇佣兵，是来卢旺达颠覆政府的。他们飞机的降落同卢旺达政变的发生时间巧合，乌干达独裁者认定他们有牵连。

美国国内纷纷报道和平队志愿者被扣押的新闻。艾米的父母也听到了这一消息。记者给他们打电话询问："女儿被扣押，你们有什么想法？"

"我们还能有什么想法？"玛丽恩反问道，"我们只期望她平安无事。"

志愿者们被扣押了三天才被释放。扎伊尔总统蒙博托·塞塞·塞科让阿明看清真相：他的囚徒不过是一些志愿教师而已。

艾米放下心来。她跟比尔终于再次上路，前往位于扎伊尔基伍湖西南岸的城市布卡武。

奇异新世界

初来乍到，非洲的一切都让人感到新奇激动。这时，有人提出的一个建议给艾米留下了深刻印象，让她铭记至今。这是一位耶稣会牧师在一个下午训练会上说的话："今后的两年里，你们会看到许多奇怪和特别的东西，一直在你眼前保持一个问号。在你判断什么是错的之前问个为什么，因为它也许不过是与你以往经历的事不同而已。"

比尔和艾米在一个非洲公园的合影。艾米回忆当初决定加入和平队时的情形说："那是因为我们喜欢在不同的文化环境中生活。"

带着这句至理名言和自己的法语基础，艾米开始在当地一所高中教授化学、生物和物理。学生们的欢迎词是用法语、英语和斯瓦希里语三种语言喊的："滚开！""出去！"比尔在他的英语和地理课上也遇到同样的抵制。

孩子们为什么不要他们的帮助呢？艾米和比尔后来得知，这里的校长和一些老师常向学生父母索要钱财，作为让孩子升级的交换。这样一来，有钱人家的学生根本不关心上课学习。艾米接连好几个晚上苦苦思索：我们到底是干什么来了？

艾米和比尔从没想过会遭受这种经历，但他们要在和平队工作满两年，两人也有决心完成这个承诺。因此他们继续教课，继续给学生们考试。许多学生拒不听课也不做测验，因为他们知道只要给校长钱就能顺利升级。

过了一年，终于有了让艾米高兴的事儿。和平队的教育主管把一盒文件拿给他们看，里面有不少可挑选的教师职位。"你们自己挑一个需要理科和英语教师的学校吧"，主管说，"我给你们换个地方。"

扎伊尔中南部的一所学校的学生在等待艾米为他们授课。

艾米和比尔挑了扎伊尔中南部的一个规模较小的乡下寄宿小学。在扎伊尔的贫穷地区，有些学生是靠全村人凑钱送来上学的。他们渴望知识，热情欢迎他们的新教师。

艾米想，这下终于可以干点儿什么，做出点儿样子了。不过，有一个问题搅得她心烦意乱：在这个极少为妇女提供机会的国家，班上的那些女孩子将来会成什么样子呢？

在这里，女孩很小的时候，父母就给她们许诺了婆家。艾米知道艰难的生活重担在等待着她们。艾米曾在扎伊尔火车站见到一对夫妇，女人头上顶着一个大包裹，身后背着一个孩子，手上还抱着一个。而她丈夫除了手里提着一只小手提箱外别无他物。扎伊尔的妇女都得干重体力劳动——拾柴火、打水、耕地，这些活儿就连带孩子的时候也得干。男人的生活反倒清闲自在得多。

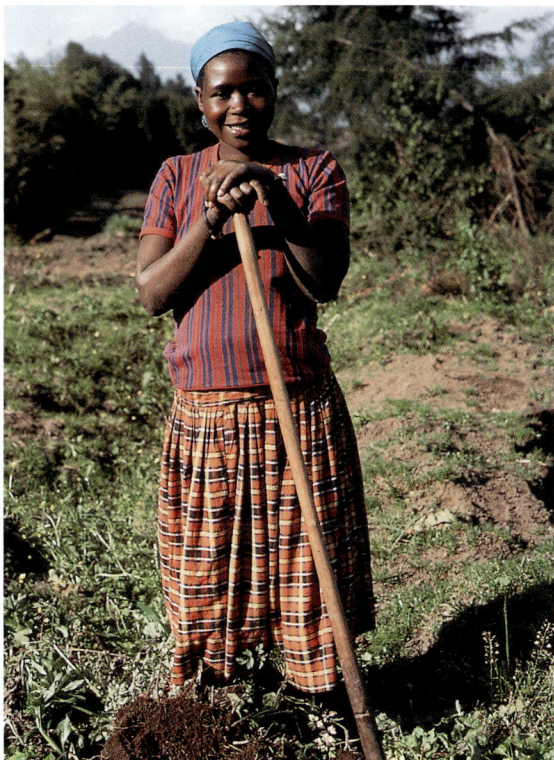

艾米决定让女孩们知道她们跟男人具有同样价值。她要她们理解自己可以对社会做贡献，她对她们说："你们是特殊的，你们都有自己的长处，一定要记住这一点。"

一天，几个女孩问艾米，"你总说女人是特别的，如果你有个性，那你为什么还要用你丈夫的姓证实自己的身份呢？我们可不这么干。"

艾米仔细思考着她们的话。在美国，女人出嫁就要冠上夫家的姓氏，这是个普遍现象。除了说这是风俗习惯外，艾米找不到更好的解释。她决定回国后把自己原来的姓"维德尔"改回来。

君王凯西米尔

当两个人不教课时，艾米和比尔他们就去探索非洲大地。他们搭卡车、乘汽车、坐船或坐火车，带着一顶借来的帐篷。他们曾在10个国家公园宿营，探索非洲大陆上的野生动物，从斑马、长颈鹿、水牛到河马、狮子和羚羊。他们也跨越了多种非洲动物栖息地，从干热的沙漠、稀树大草原到寒冷潮湿的山地。艾米跟比尔在领略非洲大自然之美和它的无穷变化时，内心逐渐升起了协助保护这块大陆特殊地理环境的欲望。

当他们参观过扎伊尔的卡胡兹别加国家公园（Kahuzi-Biega National Park）后，这种欲望变得愈发强烈。在那儿，在热带林木那饱浸雨水的篷盖下面，艾米第一次看到了野生的大猩猩。

艾米在她和比尔宿营的帐篷前。他们搭便车或是自己驾车周游非洲，曾在多达10个国家公园里宿营。

16

"你过去试试吧"，公园园长阿德林·德施瑞瓦轻声对艾米说："过去坐在它旁边。"

开始艾米以为他在开玩笑。但那个个头巨大的东部低地雄性大猩猩"凯西米尔"对她这个 22 岁的大胆年轻人太具诱惑力了。艾米做了个鬼脸，朝君王般的大家伙爬了过去。

其实那个园长就是在开玩笑。他没想到这个年轻姑娘有这等勇气去接近这个庞然大物。园长慌了神，一下子奔上前去，抓起艾米的腰带把她拖回自己这边来。

接下来的半小时里，他们在离凯西米尔约 20 米远的地方，紧张地窥视它们一家在密密的树林中四处活动。偶尔，大猩猩的叫声传入森林。艾米被大猩猩的举动和声音迷住了，它们光彩迷离的双眼和沉思般回视她的眼神更让她着魔。

艾米跟凯斯米尔的短暂接触让她思绪万千：和平队的工作结束后我该干什么呢？她的答案是：回非洲，研究野生大猩猩。

下一个目标是什么？

1975 年，他们在和平队的两年工作期满。艾米和比尔飞回美国，开始寻找研究生院，以便开始他们的野生动物保护事业。在东西海岸间各大学造访巡视一番后，他们选定了位于威斯康星州首府麦迪逊市的威斯康星大学。他们安顿下来，开始各自的研究，并打算上完一学期后就回非洲。

经一位同学的引荐，他们认识了颇有名气的英国灵长类动物学家（rimatologist）理查德·旺海姆。理查德当时刚造访了卢旺达火山国家公园的卡里索凯研究中心（Karisoke Research Center）。该中心主管黛安·弗茜正在研究濒危山地大猩猩。理查德确信，艾米和比尔的研究对卡里索凯所完成的考察是一个颇有价值的补充，黛安也会欢迎他们。艾米和比尔对此没有太多信心，他们也听说过黛安是个出了名的难以合作的人。

黛安·弗茜是谁？

20世纪70年代初，黛安·弗茜开始同她称之为"第四群"的山地大猩猩群落打交道，并因此闻名世界。

黛安没有受过生物学或自然资源保护学的正规训练，她持有的是职业治疗师的资格证，那是一种以各种特殊训练

帮助病人恢复健康的医疗行业。但是，黛安对非洲和大猩猩情有独钟，在同著名的考古学家路易斯·里凯的交往及其协助下，她创立了自己的事业，成了一位知名大猩猩研究家。

1967年，黛安·弗茜创建了卢旺达卡里索凯研究中心，开始把研究重点放在大猩猩的行为上。她每天花好几个小时观察大猩猩午后休息时家庭成员间的交流活动。1970年的一天观察有了突破，一只叫"皮纳茨"的成年雄性大猩猩走过来碰了碰黛安的手。这是大猩猩对人类"友好"行为的首次记录。

当艾米和比尔于1978年到达卡里索凯时，黛安已经不再花太多精力做野外工作了。在大猩猩"迪基特"（Digit，数字）被屠杀后，她开始发动一场反对偷猎大猩猩的公共活动。两年后，黛安离开卡里索凯，到纽约州伊萨卡市的康奈尔大学任教，在那儿她完成了她的著作《雾中的大猩猩》（Gorillas in the Mist），书中讲述她研究山地大猩猩时的所经所见。

有很多杂志专题和记录影片报道让黛安·弗茜和维龙加山地大猩猩闻名于世。如果不是媒体关注，整个世界还不会了解卢旺达大猩猩的数量到底有多少。

后来，理查德收到一封黛安写的书面信函，拿给艾米和比尔看。信中说，她有兴趣多了解一些他们二人所从事的研究。这样，艾米和比尔再次修订了他们的研究提议，以适应卢旺达的具体情况。1977年，他们在芝加哥的一家饭店的餐厅里跟黛安见面。饭后黛安读了他们的研究计划。"跟当地人一块工作毫无希望。"她评论道，但还是接收了这份建议书，暂时敲定几个月后艾米和比尔到卢旺达的具体时间。

多部电视记录片和报章报道黛安·弗茜对山地大猩猩的研究，"迪基特"（上图）因此家喻户晓。1978年2月"迪基特"被偷猎者屠杀。

1978年2月3日，哥伦比亚广播公司（CBS）晚间新闻播报了一伙猎人和非法偷猎者在卢旺达杀害了"迪基特"，这是一只因黛安·弗茜的研究而闻名退迹的大猩猩。1978年，艾米和比尔已经拥有了几个学期的研究生院的学历，他们同时也获得了充足的研究经费保障，那是设在纽约市布朗克斯动物园的野生动物保护社团提供的，那笔经费足以满足他们在卢旺达18个月的基本饮食需求。

两人直接前往火山国家公园的卡里索凯研究中心，也就是偷猎者们凶残谋杀"迪基特"的那片丛林。

再次融入**非洲文化**，
被炫目绝伦的

美景围绕，这感觉真好。

3

千山万岭的土地

风吹拂着艾米那棕色的齐耳短发，她和比尔搭乘一辆顺路卡车，在它的后车厢里上下颠簸着，一边欣赏沿途的卢旺达风景。几周前迪基特被谋杀。艾米在和平队时已经学会了斯瓦希里语，周围人说的话她基本能听懂。卡车上坐了十几个卢旺达人，但没人提及迪基特。艾米了解个中缘由。绝大部分卢旺达人从未听说他们这儿有个著名的山地大猩猩。

但在非洲以外的地方情况就不同了，迪基特的名字可以说家喻户晓。全世界成千上万的人读过有关它的报道，看过有关它们一家的电视记录片。当人们闻听这个正值盛年的银背大猩猩被偷猎者用长矛和弯刀杀死后，寄自世界各地的明信片像一股洪流一样涌向卢旺达，敦促政府保护幸存的山地大猩猩。

"很多人会关注这些大猩猩，无论它们发生了什么。"艾米坐在颠簸的卡车上想着。这个念头让她稍感紧张。不过，再次融入非洲文化，被炫目绝伦的美景围绕，这种感觉实在太好了。

维龙加火山群的高峰（左页图）标示出卢旺达火山国家公园的国际边界。艾米在这里研究维索凯坡地上的山地大猩猩（上图）。

在飞机飞往卢旺达首都基加利时，艾米透过舷窗看到卢旺达高低起伏的地表，头一次想起为什么卢旺达被人称做"千山万岭之国"。现在她坐在卡车车斗里，可以从地表角度对这个国家来个360°的全景观测了。茂密的咖啡树和香蕉林点缀在山脚下，绿色原野间种着豆类和甜薯。在汽车行驶的四个小时内，这片土地上的最高山——维龙加火山群——一个接着一个出现在地平线上。这几座山的海拔在11500英尺到将近15000英尺之间，各自的名字也充满象征意味：卡里辛比（Karisimbi），意思是"玛瑙贝壳"；维索凯

大猩猩的种类

世界上第一批大猩猩出现在620万~840万年前的中非西部湿润的低地森林。这种早期的猿类向东部迁徙，遭遇宏大雄伟的刚果河，在它的北部河岸跋涉几百英里，历经几代，最后少数大猩猩从家族分裂开来，在西艾伯丁裂谷山脉（Western Albertine Rift Mountain）上定居下来。

在这期间，地球的气候发生了变化。不能适应新的气候环境的地区性树木和植物被"更适合"的物种所取代。环境的变化也对动物产生了影响。几万年来，大猩猩进化出几个不同的种类，东部大猩猩 *(Gorilla beringei)* 和西部大猩猩 *(G.gorilla)*。在这个主要分类基础上，科学家又命名了四个大猩猩亚种：东部低地大猩猩，西部低地大猩猩，山地大猩猩和克罗斯河大猩猩。每个亚种都具有同栖息地相适应的自然特征。

艾米看到的第一只野生大猩猩是东部低地大猩猩（*G.b.graueri*），它们栖息在刚

果民主共和国（就是以前的扎伊尔）的大片森林中。东部低地大猩猩（下图）与西部低地大猩猩（*Gorilla gorilla gorilla*）相比面部较长，前胸较宽。东部低地大猩猩生活在加蓬、喀麦隆和刚果共和国的平坦低地。东部低地大猩猩通体黑色，而西部低地大猩猩的头顶多是褐色的。

（Visoke），意思是"水洞"，因为它有一个大坑；怪石嶙峋的萨比恩尤（Sabyinyo）是"老人的牙齿"；嘎亨嘎（Gahinga）是"平头的锄头"；穆哈乌拉（Muhawura）是"向导"，因为它高高在上，人们从远处就能看到它。

这五座火山形成了火山国家公园的国际边界。这座公园于1925年建成，是为保护山地大猩猩建立的保护区。艾米迫不及待要见到公园里的悬崖沟壑，为那些难以解开的大猩猩之谜寻找答案。

山地大猩猩（*G.b.beringei*）是艾米在卢旺达研究的一个亚种（右图）。它们的毛发比其他种类的大猩猩更长，让它们显得蓬松有趣。可悲的是，只有两个种群大约300~400只左右的山地大猩猩生存下来，寄居于乌干达、卢旺达和刚果民主共和国边境地带的森林中。

大概有300只左右的克罗斯河大猩猩（*G.g.diehli*）生活在尼日利亚、喀麦隆边境线上的几个各自孤立的地区。虽然这个亚种看上去与其他西部大猩猩并无差别，但它们的下颚较小，头骨也较短。

今天，无论东部还是西部大猩猩都处境危险，濒临灭绝，这一事实受到非洲乃至全世界很多人的关注。

谁也不知道卢旺达到底还剩下多少只山地大猩猩，但无疑这一物种正面临危机。1973 年最后一次有人见到它们时，卢旺达的大猩猩种群总数只有 250~275 只（另外一个在乌干达的种群数量比这要多几百只）。现在，迪基特死了，艾米清楚卢旺达的种群又少了一只大猩猩。

只有很少几位研究者正在争分夺秒、想尽办法了解大猩猩的一切，抢在它们重蹈恐龙灭绝的覆辙之前拯救它们。这些研究者确信大猩猩的灭绝只是一个时间问题。艾米和比尔不愿意袖手旁观，仅仅记录大猩猩的灭绝，他们想要找到挽救它们的办法。

要想了解这种神奇的动物，需要学习的东西太多了。当时，距德国探险家奥斯卡·冯·伯林奇报道他于 1902 年在险峻的卢旺达森林发现一些"高大、像人一样的"动物还不到 100 年，距野生动

在非洲中部几个相互独立的地区可以找到野生大猩猩群落。生活在那里的所有四个亚种均面临濒危境地，可能完全绝迹。

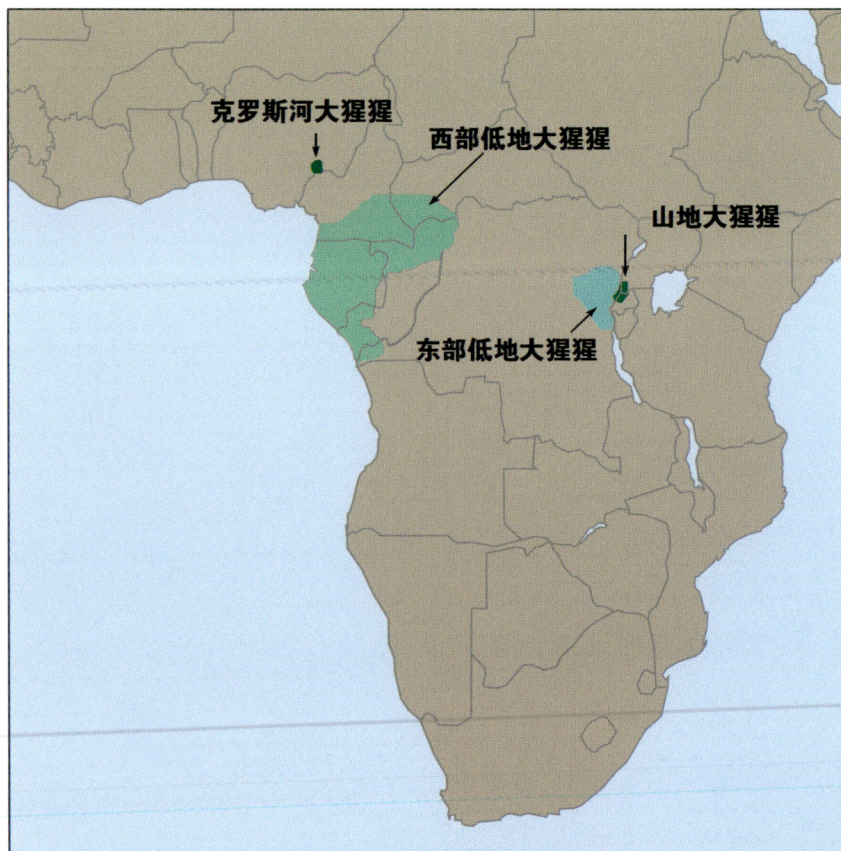

克罗斯河大猩猩

西部低地大猩猩

山地大猩猩

东部低地大猩猩

物学家乔治·夏勒戳穿"大猩猩是恐怖片里'金刚'一样的吃人恶魔"这一神话不到20年，距黛安·弗茜向世人展示大猩猩的行为同人类何等相似不过10年。

艾米跟黛安一样对大猩猩的行为十分感兴趣。但是，艾米知道，对此稍有了解并不能拯救这个日益减少的物种。所以，艾米计划把重点集中到山地大猩猩的生态，该动物同它们所处的环境之间关系的研究上。

为了配合艾米的研究，比尔设定自己的目标是弄清大猩猩究竟还有多少，弄清卢旺达人和他们的领导者受到何种压力，迫使他们破坏大猩猩的森林家园。

山林为家

艾米和比尔快到傍晚才到达维索凯基地附近的小镇茹亨格瑞（Ruhengeri）。他们跟另一位卡车司机商量，司机同意把他们送上一条通往黛安·弗茜营地的路。到了那条路上，他们就得靠两条腿了——他们得爬一个小时的山。

车开到了那条路的终点。这里海拔大概有2700米，艾米从卡车上跳下来，感到呼吸有些困难。位于海拔3000米以上黛安的野外站点的空气更加稀薄，她的勘测站设在两座火山"卡里辛比"和"维索凯"之间的山脊上（勘测站的名字"卡里索凯"就是这么来的）。

艾米和比尔背起背包开始沿着狭窄的山路向上攀爬。山路是在火山熔岩中硬劈出来的，小路两侧的石墙被经过的大象磨得十分平滑。山路向上延伸，绕过火山的南侧时，穿过了一片绿宝石般的绿洲。丰足的雨水让这块绿洲保持湿润。随后，小径又蜿蜒穿过一片空旷的草地和泥泞的溪流。艾米一路走着，大口喘息着山地的稀薄空气。最终，她看见远处林中一片高大的哈吉尼亚树下掩映着卡里索凯的四座小屋。

在维索凯研究中心工作时，艾米和比尔就住在这座小铁皮屋子里（右图）。屋里没有自来水，取暖用的是一个烧木柴的小炉子，洗澡水也要用明火烧热（下图）。

营地边缘就是艾米和比尔要在以后的18个月中当成"家"的一座小房子。墙面和房顶都是用波纹状的铁皮搭建的，夜里的气温接近零摄氏度，小屋几乎无法保暖。不过，屋里的必需设施一应俱全，有个烧木柴的火炉，一张能用来写东西的书桌，还有放一个柴油炉的小桌子，艾米和比尔可以用这柴油炉烧上一罐吃的。还有用几块长条板子搭成的一张饭桌。一些架子可以摆放他们带来的书和食品，第二间屋子里有一张床，一个破旧的梳妆台和一个外屋。这就是艾米和比尔新家的全部。

日落以后，小屋里变得十分阴冷，艾米把几个睡袋都摆在床上保温，第二天一早她跟比尔就起床烧好早茶。然后他们赶去跟那个年轻的英国生物学家会面，让他带他们去一天前发现迪基特一家的地方。

循着大猩猩留下的痕迹——被践踏过的植物、齐整的粪便堆、吃剩一半的植物——他们跟上大猩猩漫游的轨迹。经过几个小时的痕迹跟踪，他们几乎迎面撞到了迪基特家的那群大猩猩。它们正在一块不大的空地上无声地憩息、吃食。艾米惊讶地发现，大猩猩们不但容忍她接近，还用好奇的眼光打量着她。难道这些动物对我也像我对它们那样大感兴趣吗？

　　艾米在地上跪下，一动不动地坐着，以免惊扰了大猩猩们。几分钟后，两岁的雄性大猩猩"奎利"走过来了。奎利害羞地看着别处，碰了碰艾米牛仔裤的边缝，然后就转身回到它妈妈那边去了。

　　奎利那双深棕色的眼睛，以及整个大猩猩群平和的气氛让艾米大感惊讶。"你们为什么不跑呢？"艾米好奇地想，"你们还记得那些偷猎者吗？还记得迪基特的叫喊和砍刀落下的声音吗？"

破晓时分，她已开始循着大猩猩的**踪迹**寻找它们。

午夜火山行

4

　　对奎利和它的母亲的造访让艾米十分高兴。但是，在到达卡里索凯后的几周内，她必须开始调查另一个大猩猩家庭"第五群"的生活。这是一个研究者们还未详细研究过的大猩猩群体。每天她天不亮就起床，穿上那套特别的装束：套领毛衣、沉重的法兰绒衬衣、羊毛线衣和与之配套的宽松棉布裤子、毛线袜和军用丛林靴。艾米在离开小屋前匆忙吞了一块花生酱面包，喝了一杯温茶。破晓时分，她已开始循着大猩猩的踪迹四处寻找了。

　　卢旺达的大猩猩寻踪者维雷纳经常帮助艾米确定"第五群"的位置。他们二人静静地穿过丛林，低声讨论着他们所发现的大猩猩留下的踪迹。维雷纳常常在小路上停下来，从湿漉漉的草丛里拉出一个个金属丝做的圈套。在卡里索凯周围的森林中，这种圈套已经重伤过好几只大猩猩。猎人造这种陷阱不是来对付大猩猩的，他们要抓的是林子里的羚羊。在卢旺达，猎杀大猩猩是种民间禁忌，很少有猎人捕捉它们，社会习俗也不准猎杀灵长类动物来食用。

为了整天跟"第五群"在一起，艾米必须让它的银背统治者"贝多芬"（上图）接纳自己。贝多芬经常做出种种明确表示，让艾米知道她并不受欢迎。

艾米理解猎人要猎取食物养家糊口，但是他们不该在国家公园里狩猎。为了保护大猩猩，维雷纳跟艾米把圈套一个个拆除掉，塞进随身的背包里。

在火山国家公园动物们经过的路径上，猎人非法地设下这种环状圈套用来捕捉羚羊。有时候这种圈套捕到的却是山地大猩猩。

迷失的小动物

虽然他们做了各种努力，但不久艾米还是亲眼见到一只山地大猩猩落入猎人设下的圈套。1978年3月初的一天，卢旺达国家公园的一位官员告诉比尔，临近的扎伊尔的公园警卫从偷猎者手中截获了一只他们试图偷运出卢旺达的幼年雌性大猩猩。偷猎者们是从一位捕羚羊的猎人手里买下的大猩猩，而它是偶然落入圈套的。偷猎者想卖掉它换钱牟利，买主可能是一个稀有宠物收集者。

刚果一方的公园管埋人员不知道如何安排这只大猩猩。几周后艾米和比尔，连同黛安·弗茜一道赶到那里时，发现他们把大猩猩放在公园总部一个又黑又臭的小棚子里。警卫打开棚门，用一根长棍子捅那只吓坏了的大猩猩，把它一瘸一拐地赶到阳光下。

此情此景让艾米很不舒服，可怜的小动物患了痢疾，排泄物粘在毛发上结成一块块的硬痂。三人决定让艾米留下照看大猩猩，黛安和比尔去联系把小动物运回卡里索凯的事。

"得把它移到干净的屋子里去"，艾米对公园警卫说。几个警卫好像被艾米的建议弄糊涂了：大猩猩难道还需要干净地方睡觉吗？但他们还是同意把它转到另一个棚子里。

为了把大猩猩哄到新屋子里，艾米关上门，在地上蹲下来。她想着这只小动物在人类手上受到的遭遇，一边试图让它放松下来，发出"哈—姆，哈—赫"的声音。大猩猩互相交流时就会发出这种声音。听到熟悉的声音，大猩猩爬到了艾米的腿上。

　　这让艾米很吃惊。她抱紧饱受惊吓的小动物，眼泪不禁顺着她的脸颊流了下来。

艾米抱着年幼的雌性大猩猩韦祖。1978年3月韦祖从偷猎者手中获救，艾米和比尔曾精心哺育过这个小生命。

带韦祖回家

艾米搂着她腿上的大猩猩，感觉到这只小动物实在是太瘦了。她估算了一下它的身长，看出它大概四岁左右，但它只有两岁大猩猩的体重。备受惊吓的大猩猩显然没吃太多东西；公园警卫用脏水冲奶粉喂它，让它患了痢疾。有一截金属圈套留在了它左脚踝里，导致肿胀发炎。

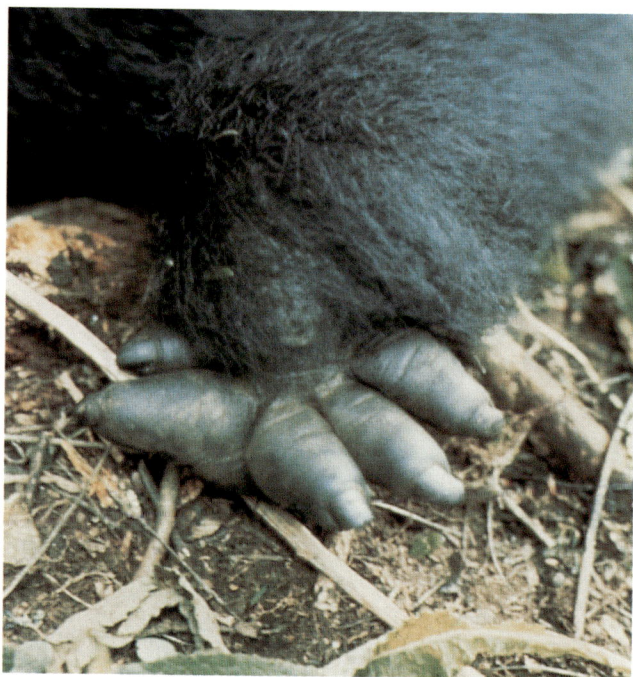

艾米不知道这个小家伙能否活下来，但她要尽力挽救它。山地大猩猩的种群再也不能承受任何损失了，尤其这还是一只雌性，有朝一日它自己也会繁衍后代。艾米想起小时候读过的一本童话书《能人小引擎》，她对着高山大声呼喊："我想我能！我想我能！"便给这只大猩猩取名韦祖（Mweza），这在斯瓦希里语中是"我能"的意思。艾米希望韦祖战胜一切，健康地活下来。

这只大猩猩的脚被金属圈套弄伤，这种伤害往往让动物终生残废。

黛安和比尔去说服官方由他们看护把受伤的大猩猩运回乌干达，艾米日夜陪着韦祖。下午时分，她带着韦祖在公园里散步，让她重新熟悉野外它曾当做食物的植物。晚上，艾米和韦祖睡在草垫子上，她和韦祖蜷缩在一起以便保暖。

两天过去了，扎伊尔总统蒙博托终于同意将韦祖送回乌干达，但前提是黛安必须同意它痊愈后放归自然，如黛安不同意，韦祖的遗体还要交还给刚果。黛安答应了。

但是，带着一只没有证明的大猩猩穿越边境回卢旺达相当麻烦。黛安决定最好是由艾米和比尔抱着韦祖翻过火山，她自己开车回公园。他们把韦祖像非洲小孩那样包裹起来放进背包，随后就开始了16个小时的翻山越岭。

公园官方为帮助艾米和比尔找到回卡里索凯的路，特意派了由8个人组成的护送队。行进在午后的雾霭中，夫妇二人轮流背着韦祖穿越米凯诺山。高耸的竹林和幽深的峡谷分散了他们的注意力，让他们几乎忘了装着韦祖的背包紧勒着双肩带来的阵阵疼痛。艾米和比尔也愿意在森林中巨大的哈吉尼亚树下露营，但韦祖很可能熬不过这里的漫漫寒夜。所以他们决定坚持着继续走。

护送守卫们一路指引着他们朝黛安的营地行进，听说不能停下宿营都十分气愤，一个个抱怨起来。夜色渐渐渗入森林，几个向导大概是想抗议，突然说他们迷路了。他们跌跌绊绊，在又湿又沉的矮树丛中深一脚浅一脚地摸索前行，在将近午夜的时候终于远远看见了黛安小屋的灯光。

米凯诺山白云环绕，高达4437米，但它无法阻挡艾米和比尔背负韦祖，把它送到安全之地。

小屋中的新成员

以后的几天里，艾米、比尔和黛安开始实施一种新作息。一般情况下，他们会犹豫是否该让一只野生大猩猩跟他们紧密相处。但是，韦祖正在患病，所以他们轮流跟它睡在地板上，这样能够一直观察到韦祖的身体状况。他们也希望他们在韦祖身边，能让它的焦虑有所缓解。

每天下午，艾米继续让虚弱的韦祖重新认识野芹和黑莓等天然食物，韦祖很快就喜欢上了这些食物。艾米还给韦祖喂液态抗生素，治疗它脚踝伤口上的炎症。

韦祖现在受到良好的关爱和呵护。艾米具备一些照看生病动物的实际经验，在纽约北部的老家，她曾经救活过一只被人送到父亲那里诊治的患病小狗。艾米的家人相信那狗活不了了，但她硬是用眼药水瓶一滴滴喂养它，救活了那只小狗。现在，艾米也希望类似的奇迹会在韦祖身上发生。

> **艾米按住韦祖的胸口，比尔朝它的嘴里吹气。终于，韦祖开始自己呼吸。**

的确，韦祖开始慢慢恢复了。让艾米惊奇的是——这发生在艾米生日当天——它能自己吃些黑莓了。在屋子里，韦祖开始变得暴躁不安，一天它爬上了书桌，把上面的书和纸张全扔到了地上。韦祖把屋子里弄得乌烟瘴气，但艾米却喜上眉梢，因为这意味着韦祖越发强壮了。

紧急抢救

韦祖仍然需要治疗受伤的脚踝。临近的一所医院有位法国大夫，他曾帮助黛安和卡里索凯的员工治疗生病的大猩猩。但黛安拒绝让他给韦祖看伤。因为她曾与那所医院的另一位大夫有过一段短暂的恋情，但结局很糟。黛安的自尊让她不愿去求助那所医院里的任何人。她拒绝叫大夫，发誓说："我再也不会带任何一只大猩猩去那里。"

韦祖的脚踝中仍留着一段金属线，它开始虚弱下来。接着，它的情况急转直下，在一天深夜突然停止了呼吸。

艾米和比尔跪在小屋的地板上，疯狂地用心脏起搏术（CPR）试着让它复苏。艾米压住韦祖的胸口，比尔朝它的嘴里吹气。终于，韦祖开始自己呼吸了。

但这一切并没有持续多久。艾米和比尔赶紧跑过去再次实施起搏术做心脏复苏。当韦祖第二次活了过来，大概是看到在自己身上忙来忙去的两个人让它受了惊，它挥手打了一下比尔的下唇。比尔流血了，不过嘴唇完好无损。韦祖再次停止呼吸时，聪明的比尔不再朝它的嘴里，而是朝鼻子里吹气，这种办法似乎更有效果。

　　一整夜，艾米和比尔又让韦祖苏醒过几次。然而，从天亮时分起，韦祖再也没有醒过来。惨白的晨曦照进了艾米和比尔的小屋，大猩猩种群在这一天又减少了一只。

艾米和比尔更加执着坚定，

倾注全力阻止山地大
猩猩灭绝。

5

人猿艾米

艾米和比尔非常愤怒，他们愤怒的是卡里索凯缺乏医疗系统救治被人类伤害的大猩猩，还有黛安·弗茜不去向曾给大猩猩看过病的医生求救，更加痛恨那些把韦祖从森林中强行掠走的人。

但他们也比以前更加执着坚定，要全力阻止山地大猩猩灭绝。他们面临着两大挑战：保护山地大猩猩免受狩猎者和非法偷猎者的侵害，保证大猩猩种群有足够的森林、食物和土地（或者说栖息地），以便延续它们的生活。

艾米把自己的精力用于完成第二项挑战。她需要把"第五群"到底都吃些什么、在什么地方进食等细节详细记录下来。有了这些信息，她就能够推算出何种栖息地，以及要有多少这样的地方，才能满足大猩猩的生存需求。

与之同时，比尔开始统计还剩多少大猩猩。他在火山间跋涉攀爬，记下他能找到的每只大猩猩。到1978年底，比尔统计出这里还有大概260只大猩猩。大猩猩的数量比较稳定，其中很大部分十分年轻，这对它们的未来来说是一个好现象。

韦祖死后，艾米·维德尔忍下悲痛继续工作。

不眠之夜

　　韦祖死后的几周，艾米常常天不亮就醒来，满心焦虑。比尔外出去做大猩猩普查了，阴冷的小屋里只剩她一个人。但想到她早晨有可能找不到"第五群"，她就更害怕了。

　　韦祖的死让黛安·弗茜突然把矛头对准了艾米和比尔，指责是他们导致了动物的死亡。黛安不但切断了柴火供应，不再提供他们每天20升洗澡的温水，还告诉卢旺达人和卡里索凯的寻踪者不要帮助艾米和比尔寻找"第五群"。这让他们在海拔3000米上的山地生活变得更不方便了。但是，艾米和比尔不久就适应下来，他们自己砍木头生火，用他们的茶壶烧水洗澡。

　　环境虽然艰苦，但艾米还是坚持她的研究，自己寻找大猩猩。每天，找到大猩猩家庭是最基本的工作，找不到它们，她就无法搜集数据和对大猩猩栖息地的需求做出有意义的结论。

　　所幸的是，几周以来卢旺达人已经教会她如何寻找大猩猩的行踪。森林地面上覆盖着浓密的植物，无法留下任何足迹，但大猩猩还是给艾米留下了一点线索。比如，一片背面带有露珠的叶子意味

在寒冷的雨地里跟踪大猩猩一天后，艾米在灯下整理野外记录。

着大猩猩这天早上路过时碰得它翻转过来。

这一细节足以让艾米径直奔向大猩猩的所在位置，而不是几个小时地盲目乱转。

大猩猩的粪便中也包含了各种线索。粪便如果是干的，或者底下有昆虫爬来爬去，说明这条路线已经是旧的。艾米不用手指而是用手臂触摸粪便，是防止她有可能无意间用手指触摸自己的嘴。感觉那粪便是温的，这就意味着大猩猩们就在附近不远处。

当徜徉于森林之间寻找大猩猩活动路线的痕迹时，艾米不禁想到其他研究人员说过的话："你无法记录大猩猩一天之内吃的一切。大猩猩不会让你一整天都跟它们在一起。"

查找大猩猩的粪便是追寻它们的可靠方法。干粪意味着动物早已离去，而热粪便说明它们并未走远。

进入角色

艾米知道，她必须另辟疆土，开创自己的新领域。从未有人从早到晚一直跟着大猩猩，以前所做的研究都是在动物们停留休息的时候完成的。

渐渐摸清寻找大猩猩的诀窍后，艾米发现其他研究者说得有道理。这种浑身毛茸茸的猿类的确不喜欢一直有人在附近转悠。它们时常发出一种类似猛烈的咳嗽声的警告，让艾米知道它不受欢迎。有两次，贝多芬这只四百磅的"第五群"银背走过来，抓起艾米的手臂捏了捏，意思是说，"现在你该走了。"

贝多芬的警告让艾米很当回事。她努力不让自己的出现惊扰它们——她行动起来尽可能像这群大猩猩中的一员。她像大猩猩那样，抱着胳膊弓腰走路，也用它们的方式交往，缓慢靠近时嘴里发出一种近似打嗝的声音。然后她就近蹲下，试图效仿大猩猩的动作，

长时间跟大猩猩对视是不明智的，但艾米有时发现自己研究的对象会好奇地窥视她。

混进它们之中。如果大猩猩们在吃食，她也抓一把植物放到嘴边装出咀嚼的样子。

艾米一边演戏，一边在一块纸片上做纪录。在前往非洲之前她就买了一些防水的笔记本，能在多雨的卢旺达气候里保护她的野外记录。在这里，倾盆大雨常常一下就是一天。但是他们装有笔记本的箱子在机场被人偷走，艾米只得动手在薄木板上固定些纸片，再用塑料袋包起来。有不少日子又冷又湿，她总得强迫不听使唤的手指工作，握紧塑料袋里的铅笔。

艾米在研究大猩猩的活动时，尽量不去盯着它们看。如果她看得太久，它们就会当成一种威胁和攻击。最后，艾米学会了用体型和体态辨认"第五群"里所有 14 只大猩猩。六周过去了，大猩猩们越来越熟悉艾米，对她的出现也表现得更宽容了。

艾米同"第五群"共处后了解到，它们"家"的范围在方圆 13 平方千米以内。这里有密集的竹林，是罕见的黑莓集中地，还有川流的溪水和大象为大猩猩家园多姿多彩的风景做点缀。

艾米小心谨慎地记录三只山地大猩猩的活动情况。每天她集中注意一只大猩猩，看它如何消磨时光，吃什么，跟哪个大猩猩玩耍。

艾米发明了一个简单的方法记录大猩猩吃的食物。每天她用大约5个小时观察某一只大猩猩，留意这个"关注对象"吃下的任何东西，记下食物的份量，吃每样东西用的时间，哪些现成的食物能

吃它却没吃。有些天，她所关注的动物到处走，吃各种不同的植物，艾米以同等份量选了大猩猩最喜欢的几种植物装进袋子。一天结束后，她把袋子带回小屋测量它们的成分。然后，她小心地在烧木柴的炉子上把它们烤干，以便估算这些食物能提供什么养分。

　　一天下午，艾米"复制"了一份贝多芬的食物，但她最后却两手空空回了家。原来在她恭恭敬敬的注视下，这个银背走了过来，一把夺走了她的袋子，艾米既不敢抵挡，也不敢从这个君主般的庞然大物手中夺回袋子。

艾米有时候按量收集一只大猩猩一天的伙食：芹菜（上图）、黑莓、竹子等。

艾米只能泄气地看着它在几步之外坐下来，把袋子里的植物数据塞进嘴巴。让艾米觉得欣慰的是，贝多芬似乎很赞赏她选的食物，嚼得一点儿不剩。吃完以后，它扔下袋子，溜达到一边儿小憩去了。

大猩猩的游戏

艾米没过多久就了解了"第五群"中每只大猩猩的独特个性。这里有贝多芬和伊卡洛斯，两只银背；有骄傲自信的女家长埃菲和它的一帮子女：帕克、塔克和珀皮；满脸皱纹的老玛切萨，它有个小儿子辛达，一个大女儿潘奇和鲁莽的重孙女姆拉哈；有丑角小帕布鲁和后来遗弃了它的妈妈丽萨；最后还有两只正值发育期的大猩猩昆斯和基兹。

艾米最喜欢观察"第五群"中那些年轻的成员。它们十分好奇，又精力充沛。当年长的大猩猩安顿停当，开始午前小睡时，小家伙们开始互相转圈追逐，玩一种大猩猩特有的游戏，或是一个个跑到一棵倒伏的大树上，似乎在扮演大山之王。年轻的大猩猩们经常摔跤，争吵时发出咯咯的叫声。

"第五群"的少年们试图引诱艾米跟它们一起玩游戏。有些天，早上一开始帕布鲁就从树上跳落到艾米的后背上。这只4岁的大猩猩体重已有65磅（约29.5千克），这一跳可忽视不得。假如艾米尝试回应，这些小骗子们就把她的背包抓过来，把她扑倒在地上。

艾米尽最大所能抵抗这种诱惑，不去跟帕布鲁它们玩耍；她不想让自己的参与改变这些动物的自然行为方式。但是，有时候她会陷在它们的游戏当中。有一天，两只年轻的雌性大猩猩互相追逐，在艾米周围绕圈子，一边拉拽着一根根的藤条。当两只动物玩完它们"围研究者转圈"这一游戏，艾米已经让一道道藤条裹了起来，简直像一具木乃伊。她只得用便携刀才把自己解救出来。

鼻纹

当大猩猩研究者看见一只他们从未遇到过的大猩猩时，他们会快速画出这只动物的"鼻纹"——就是大猩猩鼻子上方几道深线条组成的皮肤褶皱图案。

跟人类的指纹、豹子身上的斑点和斑马的黑色条纹一样，每只大猩猩的鼻纹也是独一无二的。

卡里索凯野外观测站保存着所搜集到的各种大猩猩鼻纹图档案。研究者们可以利用它们去辨认和监控那些不属于被长期研究的群体里的动物。

艾米身上穿的迷住了这些年轻大猩猩。它们喜欢解开她靴子上的鞋带或者偷走她的望远镜和背包（幸好它们谁也没弄明白怎么使用背包上的拉锁）。然而，艾米惊奇地发现，这些生性吵闹暴躁的大猩猩触碰她的东西时却是小心翼翼地。它们轮流传看着她的望远镜，好像它是一件精致的瓷器一样。6岁大的塔克特别痴迷艾米胳膊上的雀斑，它试着用指甲抠、用嘴唇吸，想把它们弄掉。

世界之巅的日日夜夜

艾米慢慢习惯了她领养的这个新家。几个月内，大猩猩们也同样完全习惯了她。艾米几乎同"第五群"一道度过每一天。她很少中断研究，短暂的间歇中她补上记录，或者赶去首都基加利办理延期她的三个月旅游签证（这是允许她在卢旺达停留必需的证件）。

大猩猩科学

所有科学研究都始于一个假设，也就是一个可以用观察或实验检验的想法。艾米跟毕业生院的教授们一道，读过不少刊物上的文章，讨论了一个又一个概念和假设。艾米决定在卢旺达研究大猩猩时验证几个假设。其中之一是，大猩猩在拥有更

宽泛食物种类的区域停留时间更长。艾米判断，有很多食物可供选择，这会让大猩猩获取足够的营养（蛋白质、碳水化合物、维生素和矿物质）以维持健康。艾米的这一假设除科学价值之外，还具有环保学的眼光。如果她能够弄清哪一种食物丰足之地大猩猩最常光顾，她就可以说服有关部门将这些地区保护下来，不会划归他用，比如牲畜放牧。

为了验证这一假设，艾米在卡里索凯野外观测站的18个月的生活里紧紧跟踪

"第五群"（见图）。她仅有的工具是一个指南针，一个高度仪（测量海拔的仪器）和一张详细标示地貌的地形图。艾米使用这些工具记录了大猩猩从早到晚的游荡历程。当艾米跟着大猩猩时，她记下动物们每天走的路有多远，朝着什么方向。她还记下了大猩猩群从一个摄食地转往下一个时，沿途经过的那些栖息地的详细情况。

漫长的一整天野外工作后，艾米回到她的小屋，把她的野外记录转抄成大张的数据表。然后，她在网格纸上画一张草图，标明"第五群"在维索凯的家。每次这群大猩猩到一个地方，艾米就在网格坐标上的该地区画一条斜线。多于一条斜线的（比如一个×或＊），说明动物群来过这里多次。

为了调查网格中每个区域的食物种类，艾米随便选了几个区域采集了植物样本。她把每一种食物的数量和质量记录下来。

回到威斯康星大学后，艾米用一种特殊的机器把野外数据转化成穿孔卡（punch card，一种上面穿有代表字母、数字或表示相关信息的小孔的卡片，用于将数据输入计算机）。然后，她把这些卡片输入计算机——1978年的计算机速度缓慢、不易操控——让它读取统计数据并予以分类。经过几小时的处理，计算机吱吱嘎嘎地打印了报告。

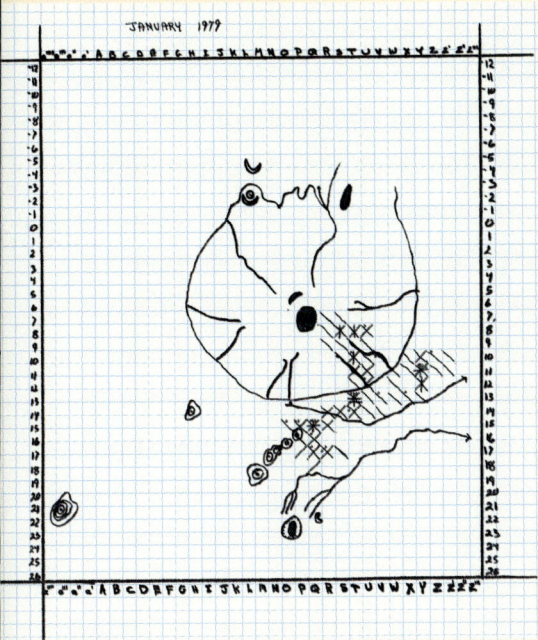

艾米的数据分析证实了她的假设：大猩猩最喜欢那些包含最多种类食物的区域。火山国家公园里有两个区域对大猩猩的存亡至关重要。此外，大猩猩们也寻找竹子多的地方，因为竹子是它们摄取蛋白质的主要来源。

艾米反复检查了数据的采集、分析和结论几道程序，然后写下了她的科研结果报告，同时配有图表和地图。她把报告寄给一家著名的科学杂志《美国灵长类动物学杂志》(American Journal of Primatology)，等着编辑答复是否予以刊出。在得知杂志决定特别报道她的发现后，艾米欣喜万分。她的研究工作能够帮助确定大猩猩得以生息繁衍的栖息地。后来当艾米与其他方面共同设立山地大猩猩计划时，这些区域被保护下来，不再允许放牧（该内容参见第53页）。

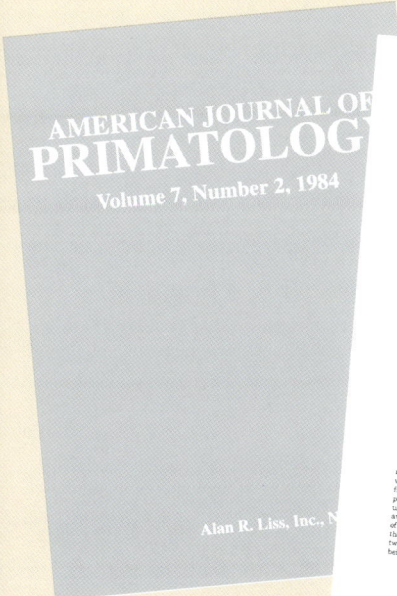

AMERICAN JOURNAL OF
PRIMATOLOGY
Volume 7, Number 2, 1984

Alan R. Liss, Inc., N

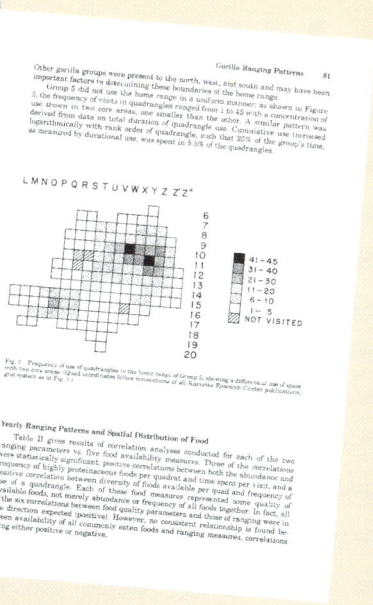

Gorilla Ranging Patterns 81

Other gorilla groups were present to the north, west, and south and may have been important factors in determining these boundaries of the home range.

Group 5 did not use the home range in a uniform manner; as shown in Figure 3, the frequency of visits in two core areas ranged from 1 to 45 with a concentration of use in two core areas, one smaller than the other. A similar pattern was derived from data on total duration of quadrangle use. Cumulative use increased logarithmically with rank orders of quadrangle, such that 25% of the group's time, as measured by durational use, was spent in 3.5% of the quadrangles.

L M N O P Q R S T U V W X Y Z Z' Z"

| 41–45 |
| 31–40 |
| 21–30 |
| 11–20 |
| 6–10 |
| 1–5 |
| NOT VISITED |

Fig. 3. Frequency of use of quadrangles in the home range of Group 5, showing a differential use of space with two core areas. Quad coordinate system follows conventions of all Karisoke Research Center publications and systems as in Fig. 11

Yearly Ranging Patterns and Spatial Distribution of Food

Table II gives results of correlation analysis conducted for each of the two ranging parameters vs. five food availability measures. Three of the correlations were statistically significant: positive correlations between both the abundance and frequency of highly proteinaceous foods per quadrant and time spent per visit, and a positive correlation between diversity of foods available per quad and frequency of use of a quadrangle. Each of these food measures represented some quality of available foods, not merely abundance or frequency of all foods together. In fact, all of the six correlations between food quality parameters and those of ranging were in the direction expected (positive). However, no consistent relationship is found between availability of all commonly eaten foods and ranging measures, correlations being either positive or negative.

偶尔艾米到城里往美国打个电话。但是，这需要在城里的朋友那儿呆上一夜，损失两天野外跟大猩猩在一起的时间。往美国打电话，首先要拨通卢旺达的当地接线员，接线员再把电话接到比利时（卢旺达曾是比利时的殖民地）。然后，经常是在十个多小时以后，比利时的接线员在接通美国后把电话拨回卢旺达，这才算跟美国通上话。

使用卢旺达的电话系统通一次话实在是既昂贵又麻烦，所以艾米跟家人一般靠写信联系。这里有脚夫每周来两次沿山路来卡里索凯送食物给养、送信取信。

艾米与世隔绝的生活方式让她跟比尔的关系更加紧密。每当比尔外出统计归来，他们就一起好好做一顿正餐，艾米把"第五群"小家伙们新搞出来的恶作剧讲给比尔听。

这样的正餐要顶好几个小时。除了偶尔跟大猩猩们一起吃一截芹菜，艾米在野外的时候从来不吃午饭。每天傍晚从野外回到小屋时，她早已是饥肠辘辘，浑身冻僵。她的正餐是开始喝一杯温茶，吃点儿用热油炸出来的咸味花生。而后，艾米从她翻来覆去做的几样菜里挑上一种：番茄酱洋葱面条，或是米饭加青豆、辣椒炒鸡蛋、大烩菜或比尔最喜欢的"假冒鲁宾三明治"。这种三明治中间要夹上化开的奶酪和家常泡菜，艾米学会用玻璃瓶子腌制甘蓝叶做替代，但夹层中还是少了传统的腌牛肉和俄罗斯调味酱。

成为群体中的一员

一天晚上，艾米在天黑后还没有赶回家，几乎误了晚饭。太阳落山后还呆在维龙加山的野外绝对不是一件好事。因为非洲最危险的动物之一——黑色大水牛晚上十分活跃，如果遭遇黑水牛，谁也无法保证能够毫发无损地离开。

艾米不是故意晚归的，她是在同贝多芬的"混战"中受了伤。贝多芬见到埃菲在安静地吃黑莓，决定自己也来一些。它朝埃菲大步走去，顺便推了艾米一下，让她失去平衡摔倒在地。她跌倒时撞在一个树根上扭伤了脚踝，一条腿立刻疼痛钻心。

艾米已经跟大猩猩呆得比平常晚了，她不知道自己能不能在天黑前回到小屋。她鼓起勇气，用弯刀砍下一段藤条当拐杖，一步步蹒跚走回营地。山路陡峭，岩石遍布，艾米艰难地蹒跚回到家时，比尔正要派出搜救人员去山里找她。

艾米不怪贝多芬弄伤了她的腿，因为它只是按自然行事，并非故意。总体来说，艾米开始觉得自己已经成了大猩猩家族中的一员。她甚至还经历过一个"正式接纳"仪式呢！

一天，大猩猩一家开始午前小睡。它们一个个四肢平伸，懒散地躺在地上，像往常一样围成它们的雏菊花环形，每个大猩猩都紧挨着旁边的一个。艾米像往常一样在旁边坐着，这时年轻的基兹朝她爬来，看了看她，然后把它的手放在她的胳膊上，也让艾米加入这个环中。

这是送给野生动物学家的最好礼物！为了融入和适应这一切，她已付出了太多的努力。

跟"第五群"其他雌性大猩猩一样，艾米总是留心贝多芬的存在，给这个400磅（约180千克）的银背留出必要的空间。

"伯特大叔"一家，也就是所谓的"第四群"，已经失去了一只**银背**——迪基特。

现在，它们的**首领**又被屠杀了。

6

遭袭

1978 年 7 月 24 日

比尔:

"伯特大叔"被人杀了。我们不知道其他大猩猩在哪儿，是否还活着。请你尽快赶回营地，越快越好。

——黛安

比尔读完这张脚夫送来的字条，一下子呆住了。他刚结束了下午的普查工作，正站在维索凯山的东北侧。从这里到黛安的营地要走三个小时。

比尔深夜才赶回黛安的营地，他以最快速度翻山越岭，累得疲惫不堪，浑身已被汗水湿透。艾米站在黛安小屋的门口迎接他。两人凄然面对，无声地拥抱了一下，进屋说了事情的经过。

大概早上8点多钟，一位卡里索凯的研究人员在森林里发现了一堆无头的肉身和毛发。"伯特大叔"的尸体尚有余温，看来偷猎者还没有走远，也许是研究人员的到来才驱散了他们。

"伯特大叔"一家，也就是所谓的"第四群"，已经失去了一只银背——迪基特。现在，它们的首领又被屠杀了。

仪态威严的银背"伯特大叔"（左页图）是"第四群"的首领。保护包括竹林（上图）在内的大猩猩栖息地是艾米和比尔的使命。

其他的雄性大猩猩还都不够年龄，无法接管这个有12只大猩猩的群体——如果它们现在还活着的话。发现"伯特大叔"的尸体后，一个卡里索凯的研究人员跟踪"第四群"的行迹，一直从维索凯的斜坡向上找去，发现了几只正在休息的大猩猩。让他十分惊讶的是，刚刚经历了一场残忍的袭击，而这些大猩猩看上去却十分平静安详。不过，直到傍晚时分，他也没能清点出还剩下多少只大猩猩。

艾米和其他卡里索凯的研究人员在野外工作了一天，回来时才得知"伯特大叔"被杀。当时已近半夜，她感到衰弱无助，精力耗尽。大家觉得天亮前也干不什么了，艾米和比尔回到了自己的小屋睡上几个小时。黎明时分，黛安组织了一个搜寻队，他们分头进入森林，查找"伯特大叔"家庭所剩的其他成员。

偷猎者的袭击一下子导致了两死一伤。

前一天"伯特大叔"尸体所在的那片平地显然是搜寻的出发点。一片倒伏的植物形成了一个圆圈围住了那块地方，向外衍射出几条踩踏过的痕迹。其中一条是偷猎者的，另一条是大猩猩们留下的。此外，还有第三条，像是一只单独的大猩猩走过的痕迹。比尔跟着这条行迹寻找过去，直到看见一团黑乎乎的东西蜷缩在浓密的草丛间。

这只雌性大猩猩的背后挨了一枪。比尔叫来其他人帮他把动物尸体翻过来，发现它是马丘，是奎利的妈妈。几个月前，两岁的奎利走过来触摸艾米牛仔裤的边缝时，马丘还在一边照看着。现在马丘死了，而奎利又在什么地方呢？

这一天快过去的时候，艾米找到了这个问题的答案。她循着大猩猩们的踪迹越过卢旺达边境来到了刚果，终于发现了大猩猩群。当她看见奎利时，这才松了一口气。艾米一直担心偷猎者们抓走奎利去卖给珍稀宠物收藏者。但是艾米发现奎利有些反常，它的身子朝一边倾斜。一只年长的大猩猩在拨弄奎利左肩上的一个枪伤伤口。艾米想给奎利的伤口处置一下，但卡里索凯没有任何能用来抓住它的东西。

回到营地，艾米负责从"伯特大叔"的尸体上取出子弹，希望能找到一些证据以便追拿凶手。自从离开大学生物实验室后她还从未解剖过任何动物，面对这具无头尸体她不知道应该从哪儿下手。糟糕的是，她的所有外科手术工具就是一把弯刀和一把水果刀。

虽说"伯特大叔"已经丢了脑袋，但艾米仍然觉得自己这么做是在冒犯它，亵渎了它的身体。她用刀子划开它坚硬的外皮，在它的胸腔里摸来探去寻找金属块，但发现里面根本没有。看来子弹是直接穿过了"伯特大叔"的身体。

比尔发现奎利的母亲马丘面朝下躺在草丛中。偷猎者的一发子弹击中了它的后背，杀死了它。

偷猎者的袭击一下子导致了两死一伤。然而，在后来的几周内，这个黛安研究了十多年的大猩猩群的死亡总数上升到了五个：在几只银背争夺家庭控制权的打斗中两只幼崽被杀死了，奎利最终也死于它的枪伤。

黛安被击垮了。"它们全都会死的"，她说。

寻求安全

1978年秋，艾米和比尔开始考虑其他研究工作。比尔的普查结果表明大猩猩的总数基本上跟五年前统计的数量一样，在260只左右。艾米的研究证实大猩猩种群仍然在很多完好健康的栖息地间游荡。如果她和比尔能够找到一种抑制偷猎、保护栖息地的方法，那么卢旺达的山地大猩猩的状况就能变好。

保护大猩猩栖息地的任务十分艰难。卢旺达的人口在激增，政府已经宣布一项计划，开垦12500英亩土地——也就是火山国家公园的三分之一用于放牧。卢旺达的经济非常脆弱，畜牧业发展计划将带来70000美元的年收入，这在卢旺达是笔不小的数目。

但是，把火山国家公园肢解成一块块碎片，这一举措会削减对大猩猩非常重要的竹林采食区。自 1958 年开始，火山国家公园已经有三分之一以上被辟为耕地，如果它再消失三分之一，那么大猩猩最终也肯定会灭绝。

要让当地政府相信到处是大猩猩的公园比新牧场更有价值确实很难。公园门票的年收入是 7000 美元，不过是牧场计划预期收入的十分之一。艾米和比尔面临困境，拼命想办法保护大猩猩的栖息地。

野生动物保护的另一种途径

跟妻子一样，比尔一向喜欢大自然。还在他加盟和平队目睹非洲野生动物面临威胁之前，他就已经决定投身野生动物保护事业。

但比尔并没有生物学的教育背景，他学的是心理学和政治学，这让他学会如何同他人打交道，而这也是从事保护事业的必备能力。比尔在扎伊尔教过英语和地理，这也让他获益匪浅。比尔说："我们学会了了解人的一种方式，以汲取他们的观点意见，因此更易理解野生生物面临压力的原因。"

1975 年比尔回到美国时，他便开始寻找一所既不强求他的生物学背景，又能学习野生动物保护的研究生院。

比尔和艾米花了四个月在全国寻找，在国家公园中露营。最后两人找到了威斯康星州麦迪逊大学。这是好几位野生动物保护先驱者的母校，包括约翰·缪尔（John Muir，1838~1914，英裔美国博物学家，他建议建立国家公园和自然保护区），奥尔多·利奥波德（Aldo Leopold，1887~1948，美国环境保护理论家，长期从事林学和野生动物管理研究，被称为美国野生动物保护之父）和上文提到过的乔治·夏勒。

在跟艾米前往卢旺达前，比尔在大学属下的环境研究所里做关于地上资源控制的博士研究。在艾米潜心于动物踪迹的生态学研究时，比尔的目光集中在卢旺达的土地使用如何影响大猩猩的生存。

到达卢旺达几周后，比尔就开始对山地大猩猩进行普查。他要解答一个非常重要的问题：另一位研究者五年前统计过的 250~275 只大猩猩中，有多少还活着？从 20 世纪 60 年代的 450 只，数量骤然下降，这一趋势是否还在延续？

三方保护计划

迪基特死后的2月份，英国动植物保护协会（Flora and Fauna Preservation Society）建立起一项山地大猩猩保护基金，为保护维龙加山地大猩猩筹募资金。现在已经筹得个人捐款10万美元。

在昏暗的小屋中，艾米和比尔一起探讨要是这些钱归他们使用的话，他们该怎么分配使用才能有效拯救山地大猩猩。

1978年秋天他完成了普查，得知维龙加山上共有约260只大猩猩，其中大多数都很年轻。这意味着大猩猩群体的数量稳定，还有一定的潜在增长趋势。不过，比尔和艾米最艰巨的任务是要让卢旺达人相信，大猩猩跟他们耕种的土地一样，是一种十分珍贵的资源。

比尔决定开始在卢旺达的学童中传播这一信息。这些孩子有朝一日会成为政治人物、政府官员或者野生动植物的管理者。卢旺达共有29所中学，比尔走访了27所。大多数学生从未见过，甚至没听说过他们国家有山地大猩猩。

比尔给他们看大猩猩的影片，向他们解释这些动物正处于危险境地。除了谴责偷猎和毁坏森林以外，他还告诉孩子们，大猩猩会永远消失。很多学生对大猩猩的安危表示出关切之情。他们还骄傲地谈论着自己的小小国家竟然掌握着决定大猩猩未来的钥匙。在艾米和比尔1979年协助启动"山地大猩猩计划"联合拯救大猩猩时，这种民族骄傲起到了十分重要的作用。

面对严重威胁大猩猩的未来畜牧计划,他们认为最好的解决办法是把保护计划分成三个方面:

1. 组织反偷猎小组保护大猩猩免受偷猎者袭击。

2. 教育卢旺达人,让他们了解他们国家的野生动物和自然资源的价值所在。

3. 对旅游业完善监控措施,提供就业机会并吸引外资进入这个国家。

经过多次讨论后,艾米和比尔将他们有关以上三方面的山地大猩猩保护建议递交乌干达政府。"大猩猩旅游能比畜牧更赚钱吗?"政府官员们怀疑地问。

一个卢旺达女孩在学习有关大猩猩和其他野生动物的常识。教育卢旺达人了解本国的植被和动物是"山地大猩猩计划"的一个重要部分。

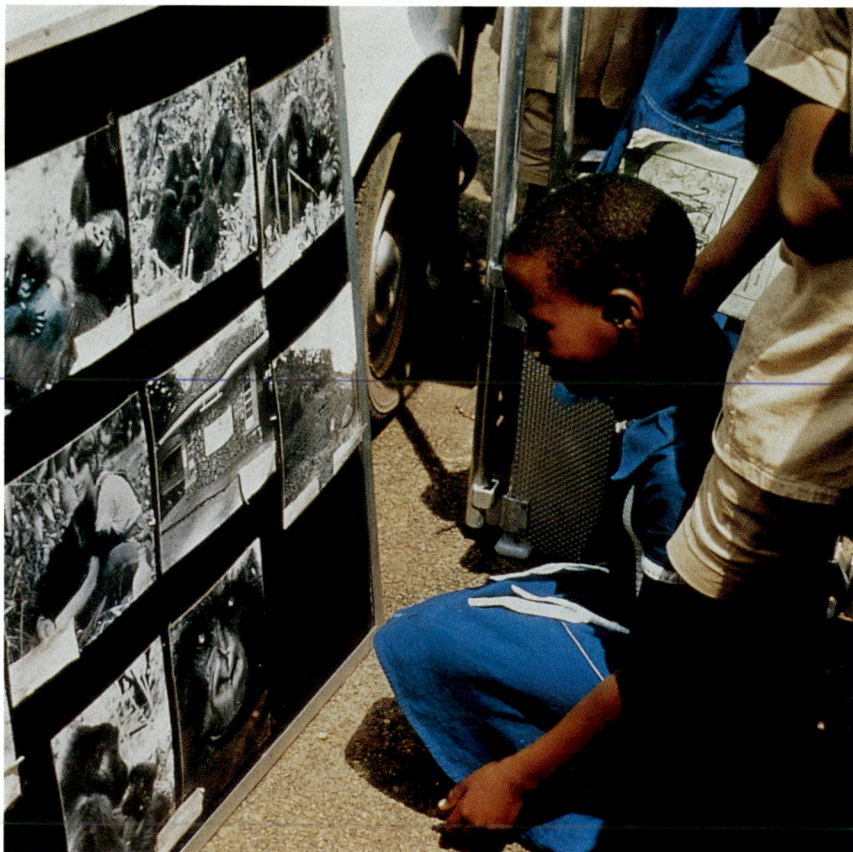

比尔用一系列数据告诉官员们，卢旺达可以每年吸引 3000 名游客，每人花 25 美元观看野生大猩猩。这就能赚回 75000 美元，比牧场养牛的承诺还多赚 5000 美元。

但这一切不过是个开始。随着时间推移，会有更多生态旅游者前往卢旺达，愿意花更多美金在这种阴冷泥泞的森林山谷跋涉，一辈子看上这么一次野生大猩猩。

时间会证明他们是正确的。

艾米担心发生更糟的事
情，现在她见到了

比尔，看来他并无大碍。

7

亲切的召唤

一对衣衫褴褛、长发披肩、穿一身牛仔服和破旧野外靴的青年人出现在纽约市肯尼迪机场，引得人们吃惊地侧目相看。

"把旅行箱打开。"海关人员命令道。

艾米顺从地照做了。

"这是什么东西？"海关人员指着好几百个装着植物的小塑料袋问。

她立刻解释，"它们都是大猩猩的食物，是烘干的食物。我在研究大猩猩吃什么。"

艾米给官员看一大堆许可，证明这些植物样本里没有任何珍稀品种。如果说这一切还没有让这位官员信服她是一个合法的科学家，那么几袋子大猩猩粪做到了这一点。

官员半信半疑地打量着那些粪便，笑了，最后他合上旅行箱，挥手让艾米走了。

艾米和比尔走出海关，同拥挤的人流一道走出繁忙的机场。在卢旺达的大山里呆了将近两年后，熙熙攘攘的大城市让他们觉得既拥挤又喧嚷。告别了"第五群"让艾米感到失落和沮丧。不少问题还在困扰着她：贝多芬还能领导这个群落多久？帕布鲁还会出什么事儿？它能在群里以新角色立足吗？它会不会离开它的家，单独开始生活呢？

比尔·韦伯（左页图）手里拿着一块维龙加山落下的冰雹。对艾米和比尔来说，卢旺达的野外工作要面临不少危险。游客们在体验近距离观赏大猩猩的乐趣（上图）。

新篇章

这些问题需要别人回答了。艾米要回麦迪逊大学分析在卡里索凯采集的研究数据，再完成一些必修课。比尔会比艾米提前4个月回卢旺达。他们把自己拟定的三个方面的保护建议递交卢旺达政府后，这对夫妇收到了一些财政资助，得以启动"山地大猩猩计划"。这项计划定于1979年夏天开始实施，他们从此不必节衣缩食只吃大米豆子了，每人每月500美元的工资足够他们的开销，他们终于可以吃上奶酪和金枪鱼罐头了。

不仅如此，他们还能够协助大猩猩旅游正常开展，把对这一濒危物种的影响控制到最小。

比尔必须尽快赶回卢旺达去创造这些条件，或者说，让大猩猩习惯马上就要前来参观它们的游客。

在长达9年的研究工作中，艾米和比尔常常几天或者几周不在一起，但分开的时间从未超过4个月。他们约定圣诞节时在卢旺达汇合。

丛林遭袭！

艾米结束了一个学期的毕业生课程，做完了她的数据分析，便搭乘飞机，于1979年12月21日前往卢旺达。在行程的最后一个中转站比利时机场，她听一帮人说他们正要前往卢旺达看大猩猩。

"不过我们没把握真能看见大猩猩。"有人说。

"为什么不能？"另一个游客问。

"大猩猩攻击了一个导游。"

艾米立刻插进他们的谈话："是卢旺达导游吗？"

"不是，是个美国人。高个子，满脸胡子。我见过他，不过不知道他叫什么。"一个人回答。

这些描述太像比尔了。

艾米惊恐不已："他伤得厉害吗？"

"他们说是被咬伤了脖子，不过我不知道伤势如何。"

艾米忧心忡忡地登上去卢旺达首都基加利的航班。辗转 12 个小时后，艾米终于落了地，在机场的人群中焦急地寻找比尔那张脸。她的飞机来早了。"也许他还没到这儿"，她想，"也许他正躺在医院的病床上。"

艾米开始觉得自己戴的一个大红领结显得十分愚蠢，那是她给比尔的圣诞节礼物。但这时候她在人群里看见了比尔。他的脖子上裹着纱布，胳膊上挎着吊带，但脸上带着笑。艾米曾担心发生更糟的事情，现在她看见比尔并无大碍。她小心地拥抱了他一下——他断了两根肋骨——问道："到底发生了什么？"

比尔的解释是："这不过是一个身份误认事件。"

> 比尔告诉他们这种做法对大猩猩和游客来说都不安全，但他们听不进去。

制定丛林之规

两周前，比尔正引导着一个旅游团在山上参观。这个团很大，有 16 人之多。比尔不喜欢这么大的旅游团，但卢旺达旅游部强迫他带所有付了钱的游客去看大猩猩。比尔并不是有意回绝任何人，他跟旅游部说这种做法对大猩猩和游客来说都不安全，但他们听不进去。所以，那天他迫不得已带着法国航空公司的员工一行 16 人，沿着一条大猩猩的行踪上了山。这是经比尔调整，能适应旅游者参观的两群大猩猩之一。

他这是想当然了。实际上这次所见的并不是他常见的那群大猩猩，而是"第六群"——"布鲁图"的家族。

参加生态旅游的游客们有生以来第一次如此靠近大猩猩，拍到它们在自然栖息地觅食的场面。

"布鲁图"（Brutus，得名于古罗马的政治家和将军马库斯·朱尼厄斯·布鲁图）是一只重达 400 磅（约 180 千克）的银背，实在名副其实。当年比尔在维龙加山坡统计大猩猩数量时，这只凶神恶煞般的银背就曾直冲他扑过来，"哇嗬哇嗬"地大叫。虽说那次布鲁图最后咆哮着闯入森林，但这次却不一样。当比尔突然遇到它，它重复了上次的把戏，然后就张开大嘴，用两英寸（约 5 厘米）长的牙齿咬上了比尔的脖子。

那天晚上在基加利朋友家留宿时，艾米查看比尔身上的咬伤被吓得唏嘘不已：伤口深深陷入脊椎两侧的肌肉里，都足有 1 英寸（约 2.5 厘米）深。两侧的伤如再深半英寸就足以让他瘫痪一辈子了。艾米注意到，较深的一处伤口已经感染了。她小心翼翼地打开创面，揭下污染的纱布，再重新包扎好。这套做法她还要重复多次，直到伤口痊愈。

那天如果游客少些或者再多几个导游，比尔完全可以免遭此劫。导游可以负责监控区域内大猩猩家族的动向。

60

艾米跟比尔希望实施更严格的规定，获准招募更多导游监控大猩猩，侦察偷猎行为。为此，艾米和比尔在基加利造访了旅游部主任本达·赖玛。

这位主任从办公桌后站起来，好像没看见比尔脖子上的绷带一样，跟他握了握手，再跟艾米握手，请他们二人坐下。本达·赖玛跟艾米说，有她在"帮她的丈夫"他很高兴。艾米掩饰了对这话的厌恶，因为他们有更重要的事要谈。艾米和比尔强调，如此观光大猩猩不太安全，必须限制每天参观大猩猩的人数。

比尔脖子上的绷带大概最终对这位主任产生了一些效果。他撤销了原来不限人数的参观政策，把每日的游客人数规定为最多6人。艾米和比尔请求多派些警卫监控旅游区域并且防范偷猎者，他也同意了。

火山国家公园的一位导游。他身边的信息板详尽介绍了公园概况和参观路径。

总的来说，这是卓有成效的一天。他们跟卢旺达政府打交道，效果不错。

在维索凯的遮护中

艾米回到了卢旺达，过着简单但满足的生活。她原来在维索凯山坡上的家被一座坐落在火山底部的圆形金属建筑所替代。屋里是泥土地面，锥形的屋顶雨滴弹跳飞溅，听上去就好像一颗颗子弹。户外厕所其实就是一个坑，用四面墙简单围起来。比尔在里头添了一把定做的木制座位，算是圣诞节的礼物。

小屋里有基本的家具。两张泡沫床垫，一张书桌，一把折叠椅，还有几个大树干摞成的桌子。外面还有一条桉树木的长椅。这成了停歇休息的好地方，坐在椅子上聆听晨鸟齐鸣，欣赏东部山峦——萨比恩尤、嘎亨嘎和穆哈乌拉几座大山奇美的风景。

艾米没有太多时间在新的环境里放松休闲。她很快就开始引领游客团组参观大猩猩了。几乎每天早上8点钟她就听见第一辆车爬上了山，停在她小屋后不大的停车场上。当地卢旺达的导游、探路者和脚夫们早就在等待游客的到来了。他们急于跟这些给钱的游客搭上勾，就像游客们急于发现大猩猩一样。

斯迪尔嘎的攻击

每日限定6人的规矩很少被打破。1980年1月末的一天，7名游客出现在艾米和比尔的车道上。他们中有对老年夫妇。艾米给这对老年人破了例，带着他们不紧不慢地去看大猩猩。

比尔断了的肋骨已经长好，脖子上的伤也已痊愈。他带着其他人则走得更快一点儿。他这组游客发现了"第十一群"大猩猩，坐下来看了它们大概45分钟。然后，一个探路者赶来告诉他说，艾米和两个游客也快到了。

比尔召集好他的游客们，他自己去接应艾米他们，他想让艾米也给老夫妇观看这一景观。艾米在旁边等了一会儿才向前靠近，但这样的谨小慎微还是白费了：这群大猩猩中的银背名叫斯迪尔嘎，它被眼前出现的这么多人吓着了，身体鼓胀起来，看来就要发作了。

艾米脑子里满是布鲁图袭击比尔时舞动的情景，她马上弯膝跪地，"快蹲下"，她对其他人喊道。

"哇——嗬！"斯迪尔嘎咆哮着。他撕扯地上的小树开始发动攻击。它甩动手臂，经过艾米的时候在她头上击了一下，但并不太重。

艾米屏住呼吸，张望着斯迪尔嘎是否已经走掉。当她摇摇晃晃站起来时，那男人已经躺在地上，脸色惨白如纸。女人则站在他的旁边嗤笑，嘴咧得快到耳根了。"我从未见过这种场面，真叫棒！"

大猩猩如何说话

艾米从斯迪尔嘎——比尔也从布鲁图——那里亲眼见到大猩猩受到惊吓时如何反应。当一只银背咆哮着"哇——

嗬！"你就该明白，它的意思是："滚开点儿，闯入者！"

虽然山地大猩猩天性害羞，但400磅重的银背却是一位进攻型的首领和群体的守护者。无论什么，无论是谁对它和它的家造成威胁，它都会发作、进攻。在进攻前，银背会敲击它的前胸，动作极快，发出空洞的"扑、扑、扑"声。这种行为被称做"击胸"（chest beating）。

咆哮和击胸并非大猩猩的唯一交流方式。它们也有少量的发声技能。在不同情况下，一个群体内的大猩猩会发出轻轻的"打嗝"般的声音。如果一只银背表现粗暴吵闹，那么坐在旁边的雌性就会发出低沉的"呜呜"声，好像说，"我在这儿，但我不会去打扰你的。"

年轻的大猩猩也会发声。当它们互相摔跤、追逐时，它们发出一连串像母鸡一般的咯咯叫声。

另一个大猩猩满意的标志是"唱歌"。艾米描述这种歌就像一系列的呜呜声，再加上许多不同的音符。艾米有时会听到母亲和它的婴儿在唱二重唱。母亲的声音类似男中音，婴儿则更像女高音。艾米说："大猩猩'唱歌'，就好像我们冲淋浴哼唱一样。它们说的是：'嘿，生活多美好！'"

艾米本想告诉这女人，刚才她跟大猩猩见的这第一面，差一点儿就成了最后一面了。但艾米还是笑着解释说，现在不宜继续追踪大猩猩了，他们最好往回走。艾米后来再也没有打破这个"六人规则"。

纽恩威是艾米见过的

最富有的森林。

8

大猩猩之外

1980年，全年共有1000多名付费旅游者观看了卢旺达的大猩猩。这是实施"山地大猩猩计划"的第一年。这个数字是一年前访问火山国家公园人数的两倍。公园中反偷猎警卫的人数增长到原来的三倍，从14人增加到40人。公园收入增长到原来的四倍。拯救卢旺达大猩猩的计划正在受到更多的支持。

维龙加的牧场计划不再有什么威胁了，偷猎减少了，大猩猩的数量则在上升。艾米和比尔得出结论，大猩猩的状况比他们两年前刚来的时候好多了。现在该继续向前走了。卢旺达其他野生动物栖息地也面临危险，几乎没有任何地方能够容纳山地大猩猩这样神圣超凡的生物，努力保护它们的工作更具挑战。

艾米希望征服这些挑战，但她跟比尔商定，他们要先回美国完成各自的学业，拿到研究生文凭。只是离开之前，艾米还有一件事情要做。

艾米的儿子诺亚·杰哈特·韦伯（上图）1980年11月1日出生在威斯康星州的麦迪逊。做了母亲的艾米并没有松弛下来，她依然热衷于野外探险（左页图）。

山巅之景

　　艾米要登上形成这个国家地貌骨干的五座火山之巅，眺望一下那里的风景。除了品味徒步攀登火山的乐趣之外，艾米要为背包徒步游画出一张火山国家公园的旅行图。有了徒步线路引导系统，就会吸引更多的旅游者参观，为大猩猩的未来增添一份保障。

　　在这最后一个夏天里，艾米开始她穿越维龙加火山地的旅行。她从卢旺达与乌拉圭交接的穆哈乌拉山东侧开始攀登，与几名卢旺达导游和三个法国教师一道，穿越长满褐绿色苔藓的蓝灰色熔岩流。艾米发现了一种浅红色的花，名叫"红色拨火棍"（red-hot-poker）。她一路攀到穆哈乌拉的顶峰，站在那里向北方眺望，远远看见乌干达"布温迪不可穿越的森林"（Bwindi Impenetrable Forest），那里栖居着世界上唯一的另一支山地大猩猩种群。

　　1980年夏天，艾米爬上了萨比恩尤的第二高峰。这座高达3676米的火山，其名字在斯瓦希里语里的意思为"老人的牙齿"。

几百年前，布温迪的大猩猩曾经跟维龙加的种群混居，但农牧民清理了公园之间的土地，将两支种群隔绝在大山中的两个森林孤岛上。

在穆哈乌拉的竹林谷待了一宿后，艾米登上了嘎亨嘎，这座锯齿状的火山点缀着坑坑谷谷，遍地是紫色的兰花。

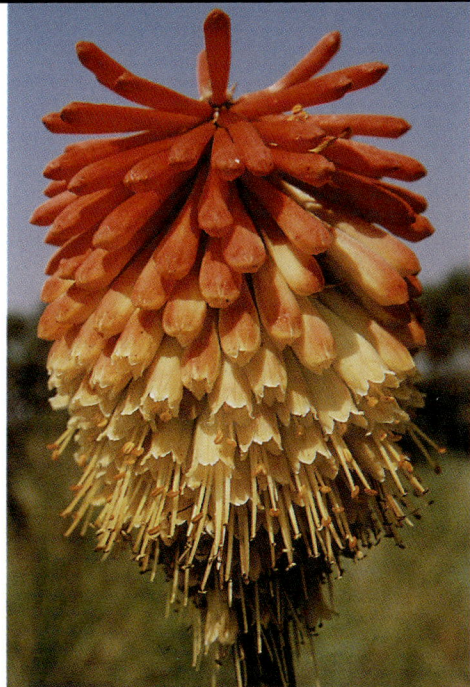

穆哈乌拉山上长满了这种名叫"红色拨火棍"的植物。

下面要攀登的就是令人恐惧的萨比恩尤。艾米在几乎是垂直的山脊上双手交替攀爬，最后登上它的第二高峰。接着，乌云翻卷而来，艾米跟其他三位登山者不得不后撤。一天后，她站在维索凯的顶峰朝下望，她的目光捕捉到了一群大象，紧随着沿着圆形坑的斜坡进入那一大锅深蓝色的水中。

卡里辛比是非洲第四大高峰，也是她要登的最后一座山。攀登之途寒冷无比，山巅附近的空气冰冷稀薄，让艾米感到难以呼吸。但她鼓足力量，激励其他几个同伴，一道打了一场大雪球战，最后宣告他们的历险圆满结束，下山返回。

生在美国

惊险刺激的维龙加火山行的一个月后，艾米回到麦迪逊毕业生院的平静校园，也回到了富裕的美国式生活中。她享受着直拨电话、从厨房的水龙头直接流出的饮用水和冲水式马桶。她也喜欢洗衣机、货品琳琅满目的食杂店、每天送到家门口的报纸以及外出购物——给孩子购物。艾米身怀六甲已有 5 个月了。比尔跟布鲁图的相遇让他与死神擦身而过，其后不久他们就决定要个孩子。

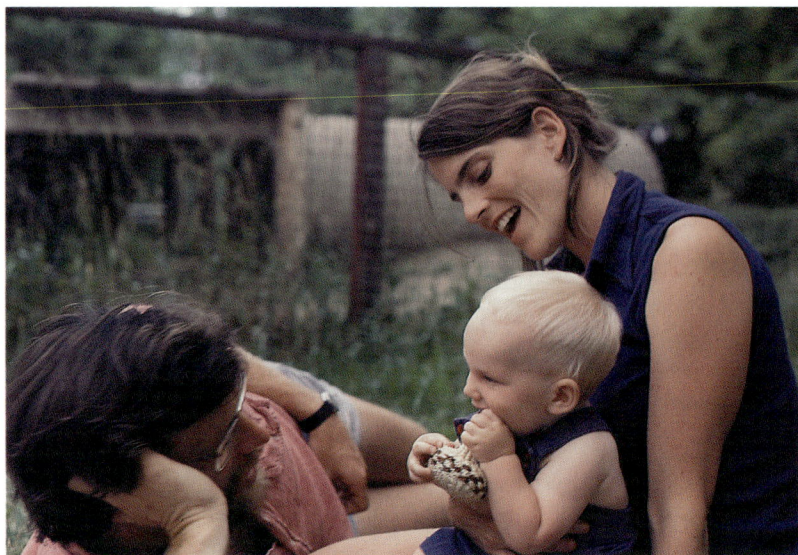

艾米和比尔这对骄傲的双亲跟自己的儿子诺亚1981年的一张照片。

诺亚·杰哈特·韦伯于1980年的感恩节前几个礼拜降生时，他在艾米舒适的腹中走过的地形地势已经比不少人一辈子走得还多。生下孩子以后，艾米和比尔把他们的研究生课程灵活安排，保证总有一个人带着诺亚。必要时，诺亚也跟着一块上课。1982年12月，艾米获得了动物学硕士学位。

进入非洲

诺亚两岁时，艾米就不得不用一种特别的方法带孩子了。比尔要经常去非洲，他现在是美国国家公园管理处和美国国际开发总署(U.S. Agency for International Development, USAID)的顾问。这份工作让他走遍东部非洲，对野生动物和受保护地区受到的威胁记录取证。

在一次旅行中，卢旺达南部邻国布隆迪的美国国际开发总署主任找到比尔，请他协助政府为本国南部的一小块山地森林保护问题撰写一个管理计划。比尔接受了这项工作，并把它分成两部分。1983年，比尔和艾米回到布隆迪，也把三岁大的诺亚一同带去。

随行帮忙照顾诺亚的还有一位名叫贝蒂·罗赛尔的大学毕业生。艾米把一份她称之为"维德尔－韦伯保姆博士奖学金"授予她。

4个人一起旅行，是个和谐融洽的团队。艾米研究森林中的哺乳动物，比尔则在探讨周围村庄的社会和经济问题，贝蒂关注于鸟类学（Ornithology），研究各种鸟。诺亚选了昆虫学（Entomology）做"研究"。这个学步小儿对各种虫子十分着迷，特别是那些他能抓到并凑近观察的小虫。诺亚很快就学会不去碰那些非洲毛虫，它们会蜇疼他那好奇的小指头。

猴子的天堂

在布隆迪期间，艾米和比尔又回到卢旺达，去察看多年来他们一直听人谈起的地方：纽恩威森林。不少生态保护者认为，这块1000多平方千米的雨林是卢旺达自然保护区的冠上之珠。但是，目前人们还对它所知不多。

纽恩威是艾米见过的最富有的森林。森林的篷盖——枝条和植物组成的伞状顶端——是由大约200种大树所组成（相对而言，维龙加森林只有十几个树种）。在纽恩威，200英尺（约60米）高的红木树高耸于风景之上，让艾米所熟悉的维龙加100英尺（约30米）高的哈吉尼亚树却成了小矮子。

艾米带着她三岁的儿子诺亚在布隆迪的森林中漫步（左图）。种种探险让小诺亚得以近距离观察螳螂、非洲毛虫等其他昆虫（上图）。

卢旺达的纽恩威雨林是13种灵长类动物的家园。其中包括毛发黑白相间的疣猴（右）、山猴、枭面猴和黑猩猩等。

纽恩威有300多种鸟类栖息，到处都是飞鸟鸣禽。艾米穿越森林时，看到一种长着绿、红、黄色灿烂羽毛的太阳鸟在树冠上吸吮花的汁液。这种大鸟叫做蕉鹃，它们扇动翅膀时，猩红色的羽毛熠熠生光。

冕雕在她头顶上滑翔而过，艾米对此并不感到惊奇。这种食肉猛禽一般飞得很高，喜欢猎取猴子为食，用它利刃般的尖爪把猎物攫走。纽恩威充斥着灵长类动物，一共有13种，包括狒狒、淘气的长尾黑颚猴，还有两种喜欢夜间活动的小灵长类动物丛猴，几百只黑猩猩，以及相貌威严、黑白相间的疣猴。艾米很容易看出纽恩威和维龙加两地的差别。

添丁成为四口之家

1985 年初，艾米从野生生物保护学会（Wildlife Conservation Society, WCS）获得了足够的资金从事 14 个月的纽恩威生物学调查，以便很好衔接比尔在维龙加附近所做的资源管理计划。比尔的全天候工作安排十分理想，他们即将完成学位，需要有稳定的收入，以维持他们扩大的家庭。1985 年的 3 月 1 日，他们的第二个儿子伊桑·海勒·维德尔在麦迪逊出生（注：他们的第二个儿子的姓随母亲）。

小弟弟伊桑出生后，必将成为诺亚在非洲一次次历险的小伙伴。

仅仅四个月后，艾米就登上了飞往卢旺达的班机。比尔一个月以前已经回去工作了。艾米带着怀中的小伊桑，旁边坐着小诺亚。孩子的手提箱里装着衣物，足够他们今后三年穿的。

一想到杀手可能仍潜伏在外，

就让人感到坐卧不宁。

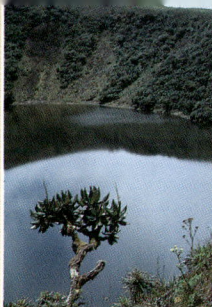

9

山 上 的 谋 杀

"你们听到消息了吗？"接待员问。

"什么消息？"艾米回答。

"女士死了。"

"弗茜女士？"

"是的。"

艾米和比尔站在接待台前，惊愕不已。他们这天早上在基加利的国家公园办公室停留一下，为的是给WCS的同事办理许可，让他们去看看艾米在纽恩威开始的早期研究。现在，他们却要突然面对黛安死去这一事实。

一位打旁边路过的官员认出了艾米和比尔，证实了这一消息。他说他接到了无线电通话，说有人在黛安·弗茜的小屋里发现了她的尸体，但没说具体发生了什么。

随后他们又遇到了美国在基加利的官方高级官员凯瑟琳·奥斯丁。凯瑟琳说，有一个卢旺达团组正赶往卡里索凯调查，她会在那儿跟他们见面。凯瑟琳知道艾米和比尔在卡里索凯跟同黛安一起工作过，便请艾米同行。有比尔晚上照顾诺亚和伊桑，艾米勉强同意了。

1985年12月26日，世界著名的大猩猩研究学家黛安·弗茜在她卡里索凯的小屋中被谋杀（左页图）。黛安·弗茜把近20年的时间花在美丽如画的维索凯山（上图）。

经过几个小时蜿蜒曲折的维索凯山路，艾米和凯瑟琳终于登上山，临近天黑时到达了黛安小屋的门前。屋里，一位身穿军用防水服的警官在审问黛安的佣人。另一个人在一台袖珍打字机上敲打着记录。警官停下来，跟艾米和凯瑟琳打招呼，然后带她们去看卧室。

> **黛安当时一定已抓到了她的手枪，现在手枪扔在地上，就在她的手边。**

看见屋里可怕的场面，艾米不禁倒吸了一口气。黛安穿着内衣四肢大张地躺在床下的垫子上，她的脸上和脖子上都带了伤，一把染了血的弯刀扔在地上，似乎告诉人们：黛安是被残忍地杀害的。

寻找线索

警官在屋里四处看着，发现黛安卧室的波浪形铁皮墙上被切开一个大洞，警官解释说，杀手显然是从这个洞钻进屋子的。

艾米感到奇怪：为什么黛安听见有人锯开自己卧室的墙，却没有逃跑呢？

也许她太累了。黛安的床有睡过的痕迹，但显然这里发生过打斗：书和纸张撒得满地都是。梳妆台的抽屉大开着，有些里面的东西散露在外。黛安当时一定已抓到了她的手枪，现在手枪扔在地上，就在她的手边。

卢旺达调查人员从黛安的梳妆台上提取了几个指纹。他们对着屋外小路上的脚印拍了照，并听从凯瑟琳的建议取走了黛安拳头里攥着的头发。

那天晚上，艾米躺在黛安小屋旁边客房的床上，无法入睡。杀手可能仍潜伏在外面，这念头让人坐卧不宁。在担任卡里索凯灵长类动物研究主任的13年里，黛安结下了不少仇人，甚至连她自己人里也有对头。

艾米和比尔在韦祖死后几周忍受了黛安的虐待，这种待遇其他人也都经历过。但即便如此，艾米也很难想象卡里索凯的员工会去杀人。

艾米回想那天看见黛安尸体的惊恐时刻。在返回卡里索凯之前艾米已经知道黛安的确已死，但她对看见她的尸首并无准备。虽说艾米跟黛安的关系有些不愉快，但她通过卡里索凯的工作已经非常了解这个笼罩在传说中的女人。

个性复杂的人

艾米记得黛安非常喜欢过节。有一次过万圣节，艾米用挖空的葫芦刻了一个呲牙咧嘴的笑脸，里面放了一支蜡烛，然后把这盏"空心南瓜灯"架在黛安的门口。她敲了敲黛安的门，然后立刻跑到边上的树丛里躲了起来。

什么也没发生。

艾米又去敲门。这次黛安喊了一句："是谁啊？"

我该不该再敲一次呢？艾米迟疑了。

就在这时门猛地一下打开了，黛安站在门口，挥着手里的枪。当她注意到脚边艾米送来的礼物时，咯咯笑了起来，拿起"南瓜灯"进了屋。

几个月后艾米准备过复活节了。她在黛安的门口放了几只自己亲手绘的彩蛋，装在用大猩猩最常吃的拉拉藤编成的巢里。艾米还记得万圣节黛安挥手枪的事儿，因此她在一旁等着看这女人的反应。第二天，艾米却听说黛安为这礼物对一个新到的大学毕业生表示感谢。

黛安·弗茜把大猩猩看做一个个单独的个体分别研究，为它们命名，同世界大众分享它们的生活故事。

不过，艾米还是继续为黛安提供援助。1980年圣诞节，艾米正在追踪一群大猩猩"第五群"。一次她发现这群大猩猩在朝营地的方向移动，越来越近。黛安当时只有48岁，但她的健康状况却在下降，走远路去看大猩猩对她来说不啻一次战斗。艾米想，这下黛安可以看看它们了。大猩猩们走到离她的小屋也就10分钟路程了。她疾步跑回营地，告诉黛安这个好消息："大猩猩给你带礼物来了。它们就在200码以外等着你呢！"

"不，我不能去了"，黛安回答。

黛安·弗茜被安葬在卡里索凯研究中心的大猩猩墓地，毗邻她的老朋友迪基特的坟墓。

葬于大猩猩的墓地

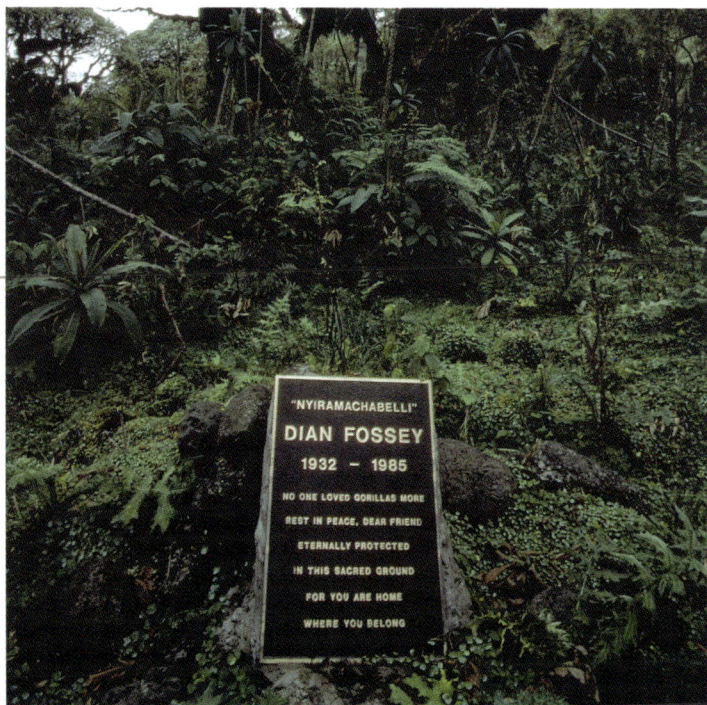

现在距离黛安说出这句伤感的表白后又过了五个圣诞节。那次是艾米在卡里索凯过的最后一个圣诞。现在，在1986年新年前夜，她参加了这个维索凯高山上举行的小型葬礼，耳边回想着黛安拒绝去看大猩猩时声音里饱含的酸苦。艾米将一束大猩猩最爱吃的食物放在黛安的棺材上：野芹菜、拉拉藤、黑莓和蓟。然后，她注视着棺材降入地下墓穴，紧挨着迪基特的坟墓。

受指控的人

发生谋杀的几周后，大批记者从世界各地涌向卢旺达。所有人都想知道是谁杀了黛安·弗茜，为什么杀她？

卢旺达官方无法找到这些问题的答案。他们思考着两种可能性：偷猎者为了报复杀了黛安，或者一个卡里索凯的研究者出于不满谋杀了她。

犯罪现场的证据并不能清楚说明凶手是谁。但是，记者的到来和美国驻卢旺达大使馆的持续质疑形成了一种压力：必须找出一个人担负罪责。几个月后，卢旺达司法部宣布他们将对一位美国研究者起诉，他是在黛安遭谋杀前几个月到达卡里索凯的。艾米的老友、大猩猩探路人维列卡纳也受到指控。

那位美国研究者在受起诉时已经逃离卢旺达。无论艾米如何努力向官方提供证据，证明维列卡纳既无犯罪动机也无犯罪时间，但她的朋友还是被抓了起来。

几个月后，维列卡纳被他的拘押者杀害。他的死亡原因被伪造成"自杀"。官方了结了黛安谋杀案，而艾米只能静静哀悼她的朋友维列卡纳。直到今天，人们也不知道黛安·弗茜谋杀案的真凶是谁。

艾米和比尔时常

带着诺亚和伊桑

到城外周末旅游。

10

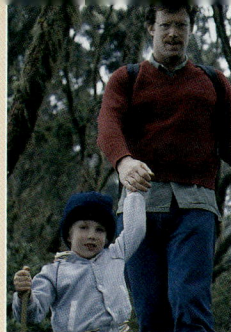

异乡的家庭生活

　　1978 年，艾米已经习惯了在卡里索凯简陋的铁皮小屋度过瑟瑟发抖的冬天。1980 年，她又适应了维索凯地基上第二座小屋里白天蒸腾的燠热。不过，1985 年当她跟比尔带着两个正在成长的孩子回到卢旺达时，他们要挑一座更适合整个家庭的房子。他们在鲁亨盖里（Ruhengeri）看上了一套一层的殖民者盖的大房子。

　　安定下来之后，艾米开始寻找一个保姆，以便她跟比尔去野外工作时照看两个孩子。她会见了一个名叫克莱门丁·维玛娜的年轻卢旺达妇女。在跟艾米聊天时，克莱门丁抱起伊桑，亲近地搂着他。看到自己的小宝贝也回应这女人的拥抱，艾米觉得克莱门丁是个合适的人选。

妈妈的森林办公室

　　每天克莱门丁要接送诺亚去鲁亨盖里的一座法国人开办的幼儿园，白天照看伊桑。周末她经常陪同艾米、比尔、诺亚和伊桑一道去纽恩威森林考察旅行。

艾米和比尔在卢旺达鲁亨盖里租下了这幢房子。屋外的花园里长满了开花的灌木、柠檬、番木瓜和石榴树。

诺亚和朋友盖尔·凡·德·威赫在查看纽恩威森林中的土壤，寻找蚯蚓和蚂蚁。

克莱门丁特别善于发现猴子。艾米轻声给她解释这种好奇的动物到底在做什么。山地猴子又黑又大，后背是铁锈般的颜色，还长着白色的胡子。它们一般在地上行走，尾巴高高扬起，卷成一个问号。蓝猴用响亮的"piao"的叫声宣告自己的位置，这声音在大树顶端久久回荡。红尾猴的鼻子上长着一个商标般的白点，它们栖息在森林边的树梢上向下窥视。

艾米不时会指认出白腹长尾猴给大家看。它们蓝灰色的身体上，腹部和双臂、双腿内侧都有一撮白毛，看上去像穿了一套华贵的紧身衣裤。还有巧克力色的白眉猴，艾米把它们称做森林中的朋克摇滚乐手。它们穿着蓬松的皮毛大氅，夸张的颊骨和脑袋上滋出一头笔直的头发。

有时候，诺亚的朋友，五岁的盖尔·凡·德·威赫也来纽恩威森林看猴子，跟他们共度周末。诺亚跟盖尔跑在艾米前面，在地上寻找长蚯蚓。两个小家伙还装模作样用棍子比试击剑。

一天，艾米见到一棵勒颈无花果（又称绞杀榕），便叫孩子们过来观看。艾米解释说，这勒颈无花果是时刻忙于作战的树种，就像他们玩击剑一样。

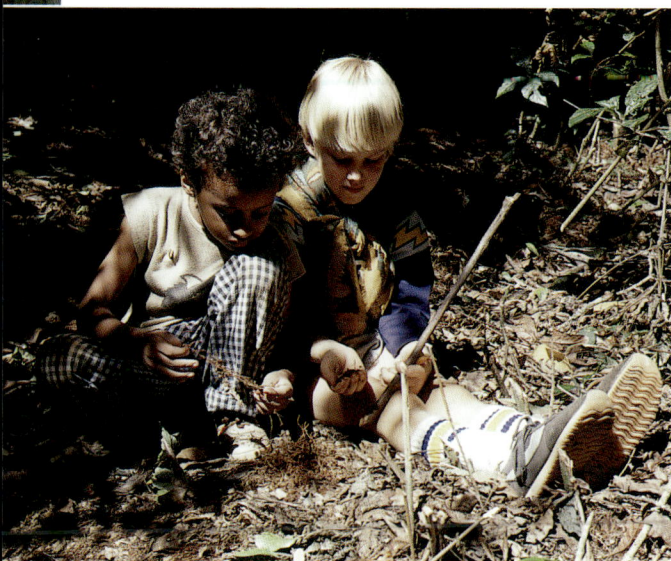

诺亚跟盖尔睁大了眼睛望着艾米，听她讲稀奇的勒颈无花果树。这种树长在别的树的上端，它让宿主窒息，遮挡它们的阳光，最后在生命游戏中取得胜利。转眼间，艾米说起小孩子式的话来了。

周末出游

艾米和比尔间或带着诺亚和伊桑到城外周末旅游。有天下午他们又回了一次维龙加，去攀登萨比恩尤较低的一处山峰。小宝宝伊桑坐在背袋里，诺亚则忽前忽后，在注满水的大象脚印里跳来蹦去。

另一个周末，比尔带诺亚去卢旺达的阿卡格拉国家公园（Akagera National Park），艾米跟伊桑留在了基加利。在公园里呆了一天，比尔在主要入口管理站的结算台前忙活时，突然发现诺亚不见了。他跑回车上，焦急地寻找儿子。一股巨大的惊恐掠过了比尔全身：诺亚一定是跑去看管理站笼子里的黑猩猩了。刚才进门路过黑猩猩时，比尔提醒过诺亚，这些猿类很有攻击性，叮嘱他千万别靠近。

伊桑和诺亚坐在父母的肩膀上看风景。

担心孩子出什么事，比尔飞快朝兽笼跑去。

他赶到的时候，正赶上那只黑猩猩毛烘烘的长臂抓过诺亚捧着树叶的手，比尔连忙把诺亚从栅栏旁拉回来。另一只黑猩猩加入进攻，尖叫着张开大嘴准备撕咬。

比尔轰开黑猩猩，把诺亚带到安全的地方。他用仅有的一块毛巾和一些冰块给诺亚清洗流血的手臂。

管理站的人告诉比尔，他可以开车花 10 分钟去公园北面的红十字协会营地求医。在那里，一位苏丹大夫用酒精和纱布清理了诺亚手臂上的 20 处咬伤。比尔迅速带诺亚赶回基加利，让他们那位穿着睡衣的家庭医生检查一下伤势，当时已经是夜里 10 点。医生夸奖诺亚是个勇敢的孩子，并给了他一些抗感染和止痛药。

诺亚在阿卡格拉遭受攻击后不久，他跟艾米一块去纽恩威时又看见了黑猩猩。艾米猜他也许会紧张，就问他又看到这种动物心里想的什么。

"很好啊"，诺亚说。

"你不害怕？"艾米问。

"不"，诺亚说，"阿卡格拉的黑猩猩发狂，因为它们在笼子里待着，这儿的黑猩猩很快乐，它们待在自己家里。"

听了诺亚的话，妈妈像听了音乐一样，感到十分舒心。她觉得纽恩威实在是这几百只"快乐"黑猩猩的家，在森林里看到它们是种特殊的礼物。

不久以后，艾米和比尔就带诺亚去看望他们那个更大的家庭："第五群"大猩猩。他们也想带伊桑去，但考虑到把这个学步小儿放在强壮有力的一大群猿类附近实在危险。就连诺亚也有些害怕大猩猩，尤其是帕布鲁以为诺亚要攻击它时。艾米了解帕布鲁，它总是闹哄哄寻衅滋事。

7 岁的坎茨比想要解开诺亚的鞋带。"别急，诺亚"，妈妈安慰他说。"它只是想玩玩。"但看到诺亚还是很紧张，比尔就四肢着地伏在儿子身上，就像银背保护自己的孩子那样。

一次，艾米带着全家来看"第五群"，好奇的小猩猩坎茨比试图解开诺亚的鞋带。

神秘的猴子

时间过去了一月又一月，艾米开始发现了纽恩威的秘密。在回卢旺达之前，她曾听到其他科学家说过，在这个森林生活的疣猴数量巨大。疣猴大多黑白两色，但是纽恩威的疣猴十分特别。它们有着黑玉色的外衣，被长长的披肩白发所遮盖。它们严肃的面部表情加上脸颊的两撮白毛，显得怪异滑稽。当这动物在树梢间穿越时，你就能看见尾巴上那团白色的长毛随风舞动。

纽恩威森林中，疣猴成群栖居在树枝上。在一次森林野生动物调查中，艾米清点出一个种群的疣猴数量竟达 353 只。

几个月来艾米追寻它们的活动时，总能看到这般景象。这让她无法弄清整个群体到底有多少只动物。直到有一天她有了突破，发现这些猴子在奔往森林篷盖上的一个大缺口。它们会落到地面穿越道路。对艾米来说这是个清点数量的好机会。

她迅速穿越森林，希望及时到达那条路上。她的心怦怦跳着，赶到时遇到猴子们正开始在路边的树顶集结，已经挤作一团。艾米屏息凝神，静静等待。

终于，一只猴子开始起跳了下来。一只接着一只，其他猴子相继从树上跳下。艾米看着、清点着这黑中带白的洪流甩尾而下，列队穿过小路：1，2，3，10，20，30，100，200，300，……艾米花了两个半小时数出这群过路的疣猴，一共 353 只。艾米连做梦也没有想到有这么多猴子！他们让艾米确信纽恩威实在是个充斥各种奇异野生动植物的神秘之地。

纽恩威的植物和动物

纽恩威森林是非洲仅存的最大山地雨林之一。在它多样化的生态系统中包含范围广泛的植物和动物，其中有190种树木，100种兰花，275种鸟，13种灵长类动物和多种哺乳动物：豹、大象、森林野猪和羚羊。也许这里还有更多尚待发现的动植物品种。

舌唇兰

一种凤仙花，它的花朵颜色各不相同。

一种叫做藤黄科猪李树（*Symphoni globulifera*）的大树。它的果实和种是某些猴子的食物。

多种颜色的毛毛虫。该毛毛虫的分类地位还需要生物学家认定。

野剑兰（gladiolus）的花朵。

长着三根犄角的变色龙。它的眼睛像有个转轴一样，可以向各方向转动。

山地猴，它的尾部翘起，形成典型的"问号"状。

红色蝴蝶。森林中有100多种蝴蝶，这是其中之一。

意外的转折

1987年春，艾米和比尔回到美国，短暂访问了野生生物保护学会（WCS）。这个组织出资让艾米从事纽恩威的研究，艾米要让他们了解工作进展。在她的陈述结束时，协会成员们都为她鼓掌，同她握手，祝贺她取得了优异的成绩。

接着，他们为比尔提供了一份工作。他们打算让比尔担任学会的一项国际计划的副主任。艾米想，比尔足以胜任这个职务，他做的事情有些特别，研究的是野生动物保护的社会和经济学方面的问题，这是一个常常被人忽视的方面。他研究发展进步和土地使用以及公众的理念对野生动植物的影响。艾米问这位会员是否也能雇用她。他们回答说，在这么一个小部门同时安排夫妇两人工作不太合适。虽然艾米有些失望，但她为比尔感到高兴。他一直支持她的工作，现在该轮到她瞻望他的事业腾飞了。

> 虽然艾米有些失望，但她为比尔感到高兴。他一直支持她的工作，现在该轮到她瞻望他的事业腾飞了。

美国方式

在离开卢旺达前，艾米和比尔移居到纽恩威东侧的一个茶叶种植园的小房子里。从这儿出发到森林很近，便于让艾米做完她的调查工作。比尔可以带着孩子们在穿越茶叶种植园的路上散步或骑车。在卢旺达的最后几个月，诺亚跟伊桑成了好朋友。

大多日子里，孩子们形影不离地跟两个在茶园工作的卢旺达人阿列克西和贾斯廷在一起，这两个人很会跟小孩子逗趣，让诺亚和伊桑学着干活——给花园锄草，担菜篮果篮，劈木柴。

与此同时，艾米和比尔留意为诺亚做好回美国后上学的准备。这是他第一次就读于讲英语的学校。诺亚曾经在鲁亨盖里上过法语幼儿园，一年后他在基加利每周六天去上一个比利时小学的一年级。在卢旺达的最后六个月里，诺亚唯一的老师就是他的父母们。他们教他学英语，掌握数学运算技巧。父母的课既好玩又趣味十足。比如，一个作业是让诺亚不间断地跳绳，看能跳多少次。试过几次后，他记下数，然后他练习计算平均数字，并画出曲线图。

艾米和比尔也给孩子们讲美国传统节日的由来。万圣节到了，他们在类似南瓜的葫芦上刻面具。圣诞节呢，艾米就用自己做的小装饰、松树枝来装点屋子，在火炉旁挂上红布条。给孩子准备礼物总是一个难题，因为本地市场上买不到儿童玩具。于是，在最后一个圣诞节，艾米和比尔买了一大束气球，用了几个小时吹起来，等圣诞节一早跟孩子们一块玩。

最后一次在非洲过圣诞节，伊桑（上图）和诺亚喜出望外地收到了不同寻常的圣诞礼物：气球、英文书、进口的苹果和橙子。

回家

几周后，艾米忧伤地跟比尔和孩子们说再见，把他们送上回美国的飞机。然后她回到纽恩威继续完成她的调查工作，并培训卢旺达人接着做下去。比尔把诺亚和伊桑放在佛罗里达他们的外公外婆家，就前往纽约开始他的新工作——还要在距布朗克斯动物园（Bronx Zoo）周围 20 英里左右的地方找一所房子安家。

艾米得知诺亚和伊桑最终习惯了跟外公外婆一道生活，十分高兴。但是当她妈妈告诉她，诺亚不太快乐，上学也遇到了问题后，她还是为自己留在卢旺达感到内疚。

直到诺亚的外婆玛丽恩参加老师的见面会，她才知道到底发生了什么。老师告诉她，诺亚在班上讲些野蛮故事："他说他在非洲丛林里生活过。"

"对，他是啊。"玛丽恩回答说。

"他还说他被黑猩猩咬过"，老师说，"孩子们就更不敢相信这个了。"

"是啊，这是真的"，玛丽恩想说服老师，"一看就知道了，他胳膊上还有伤疤呢。"

伊桑也有难过的日子。他跟外公外婆生活后不久就患了流感。当玛丽恩抱着生病的伊桑，尽量让他舒服一些时，伊桑跟她说："你知道吗，外婆，你是我最好的朋友。"这故事让艾米着实感动。

1988 年 3 月，艾米终于跟比尔和孩子们在纽约团聚了。他们已经搬到离诺亚和伊桑的学校很近的一所房子里，那里的街巷十分僻静。

艾米得知诺亚和伊桑最终习惯了跟外公外婆一道生活，十分高兴。

艾米已经完成了所有研究生课程，现在要做更多工作以便取得她的博士学位。她向威斯康星大学的教授团交上自己的长篇论文，完成了答辩。1989 年终于走完了这最后、也是最重要的一步，艾米获得了动物学博士学位。

比尔在动物园里从事他的新工作,而艾米则开始在福特汉姆大学教授生态学课程。不过,她的教书生涯并没有持续太长时间。着眼于世界范围内的大型开发机构及其生态保护的冲击,还没过一年,动物园的领导就改变了认为两口子一道工作不妥的初衷,给艾米安排了个工作,让她跟比尔在一起。有些工作让艾米重回卢旺达,让她有机会重拾她过去所研究的一切。

幸运的是,1994年大屠杀开始时,她不在卢旺达。

艾米的**很多朋友**和

同事被杀或失踪。

11

游击战争

他们看上去像是一个个模型人偶，但他们是真人的尸体。这些尸体是从一个大葬坑里挖出来的，上面被撒上了白粉状的防腐剂。尸体陈列在穆拉比学校的 78 个房间里的桌子上。他们是卢旺达种族大清洗留下的触目惊心的证明。这是一种有计划的灭绝行动，大批民众由于宗教信仰被屠杀。

这些被尸陈学校的人原来都是母亲、父亲和儿童。现在，这些死者成了新的国家记忆的一部分：1994 年，有 80 万人在三个月内惨遭屠杀。

艾米步履缓慢地在学校的十几间陈尸房中走过，一具具防腐尸体的景象和气味让她感到恶心。这是她亲眼见到恐惧死亡的震惊场面。穆拉比学校据说是一个安全地点，这些人才躲到这儿来。他们被残忍地剥夺生命，不过是因为他们是图西人，而不是胡图人——这是卢旺达的两个主要种族。

美国报纸描述卢旺达的种族灭绝是图西和胡图"部族"间战

卢旺达大屠杀后留下的集中坟墓。1994年的种族灭绝中有 80 万人被杀。上图是一个死者空空如也的家。

91

争升级的顶点。但这不过是被涂抹了的一幅并不真实的图画，实际情况要复杂得多。两大族群共享同一文化、语言和宗教，并存了几个世纪。胡图人先定居卢旺达，他们是体格强健的传统农民。图西人来得较晚，他们是高挑瘦削的牧民，靠饲养牲畜为生。

第一次世界大战后，德国将卢旺达的控制权交给比利时人的时候，胡图和图西两族间的主要矛盾渐趋浮现。几十年间，比利时人间接通过图西人统治卢旺达，给予图西人的商业和教育机会远胜于胡图人。比利时偏爱袒护图西人的做法惹恼了胡图人。

20 世纪 50 年代，胡图人要求更好的待遇，这种要求进而上升为呼吁国家独立。1959 年胡图人起义，杀死了几万图西人。几十万图西人逃亡到临近国家布隆迪、乌干达和刚果，并发誓总有一天要回到故土卢旺达。

游击队

1990 年 10 月 1 日，也就是艾米回纽约同丈夫和孩子们汇合后不久，几百名身穿军装的图西人攻进卢旺达边境。这些人被称做卢旺达爱国阵线（Rwandan's Patriotic Front，RPF），他们发誓要夺回属于自己的国家。

第一天 RPF 就进入卢旺达纵深 40 英里，占领了阿卡格拉国家公园的总部，也就是诺亚被黑猩猩抓咬的那个地方。第二天，RPF作战指挥被杀，尸体被虐待。很多 RPF 游击队员再度撤回乌干达。

艾米在几千千米之外焦虑地关注着事态发展，挂念她在卢旺达的朋友和同事的安危，还有公园里的大猩猩和那些受委派照看它们的员工们。她希望他们全都平安无事。

三个月后，1991 年，RPF 再度进攻。这一次，他们在艾米和家人生活过的茹亨格瑞市夺取了武器弹药、汽车和汽油。他们还放出了大约1000名茹亨格瑞监狱的图西人囚犯，然后退回维龙加森林之中。这次进攻让胡图人对自己的邻近的图西人倍加警觉，短短几天胡图人就杀了300名图西人。

一触即发

在种族双方敌意大爆发前，艾米和比尔曾打算在诺亚和伊桑没开学前，每年都去卢旺达度夏。冲突开始后他们取消了这一计划，但艾米还是经常前往卢旺达，从事她的野生动物保护工作。1991年她去卢旺达呆了五周后，对这个国家整体状况越发抱有希望。前一年的政治问题看来平息下去了，双方已经开始尝试性的谈判。

但是，当1993年她到卢旺达进行为期23天的旅行时，情况再度恶化了。这一年年初，RPF又发动了一次总攻，夺取了整个维龙加地区，大猩猩们的命运悬于未定之天。晚上，首都基加利的枪声和榴弹爆炸声不绝于耳。政治性游行经常以流血告终，艾米想调查一下纽恩威同事们的情况，但在国内旅行受到了限制，同时也变得十分危险。

> 在总统遇害的几小时内，一场全国性的杀戮狂潮席卷了卢旺达。100天内，每10秒钟就有一场屠杀，图西人被杀总数上升到80万。

将近一年后，也就是1994年4月6日，卢旺达的胡图族总统哈比亚里玛纳（Juvenal Habyarimana）乘坐的飞机被地面发射的两枚导弹击中，当空爆炸。在总统遇害的几小时内，一场全国性的杀戮狂潮席卷了卢旺达。100天内，每10秒钟就有一场屠杀，图西人被杀总数上升到80万。

1994年春，虽然不少美国人并不了解卢旺达发生的种族大清洗，但艾米跟家人却深深陷入震惊和恐惧中。"贾斯廷和茶叶种植园的其他人都好吗？"诺亚问。"我朋友盖尔怎么样了呢？我的奶妈克莱门丁会有事吗？"

艾米不知道该说些什么。她不知道自己的朋友和同事有多少人能够经过这场噩梦活下来。她回绝了有些记者提出的大屠杀如何影响大猩猩的问题。那么多人在一个个死去，这种时候讨论动物保护是错误的。

艾米所能做的仅仅是剪些报纸文章，虽然这些文章很少对那个地区的复杂历史做出准确描述。她绝望地看着CNN（美国有线电视新闻网络）播放的录像，尸体沿着阿卡格拉顺流而下，流入维多利亚湖。

并非避风港

1999年艾米再次回到卢旺达，穆拉比学校的尸体和她导游前额上的枪伤让她再次想起了人类历史上最大的一次种族屠杀。导游艾马纽尔·穆拉吉阿给艾米展示一个刚开放的纪念地，告诉她，当时那些荷枪实弹的人向他们几万名图西人许诺说，他们会保护学校不受波及，但这却是他们的一个阴谋。武装人员要的是他们一个也跑不掉。

卢旺达政府军战士赶来朝这些带枪和榴弹的武装分子开火。不久，当地的胡图人也挥舞砍刀长矛加入了屠杀。

导游艾马纽尔·穆拉吉阿头上的伤疤是在三日大屠杀时留下的，27000名图西人在穆拉比学校被杀。只有包括艾马纽尔在内的少数几个人侥幸逃生，而他的家族中总共有48人被杀害。

普通高等教育法学核心课教材

（本套教材全部配备立体化教学课件）

法理学	李瑜青　苗金春
中国法制史	袁兆春
宪法学	王德志　杨士林
行政法与行政诉讼法	孟鸿志
民法学	胡家强　苑　敏
刑法学	于阜民
民事诉讼法	王国征
刑事诉讼法	姚　莉
● 商法学	李光禄　袁晓波
知识产权法学	姜一春
经济法学	李　响　任以顺
国际法学	赵海峰　杨　惠
国际经济法学	赵　云
国际私法学	王利民
环境与资源保护法学	徐祥民
劳动与社会保障法学	张荣芳

高等教育出版中心·经管法出版分社
电　话：010-64012800
E-mail: jingguanfa@mail.sciencep.com

ISBN 978-7-03-023090-4

9 787030 230904 >

定　价：27.00 元

可怕的屠杀持续了三天，只有少数人侥幸活了下来，艾马纽尔便是其中一个。他头上中了弹，被当成了死人。他连夜从学校里爬到外面的树丛里，一直躲到屠杀结束。艾马纽尔无助地躺在那儿，而伤亡者就在他不远处被推进壕沟。他们之中有艾马纽尔家族48名成员。

3000具死尸——包括艾马纽尔的父母和兄弟后来被挖掘出来，学校也成了穆拉比被屠杀的27000名死者的纪念地。这些被防腐处理的尸体仅仅是1994年100天大屠杀中被杀的几十万图西人的一小部分。

穆拉比校园区的78间教室成了3000名被屠杀者的临时停尸所。

屠杀之后

仅仅几个月，卢旺达的人口从760万下降到480万，跟16年前艾米第一次来卡里索凯时的人口数量差不多了。很多艾米的朋友和同事被杀或失踪。

以后几年，有关维龙加大猩猩出现了全然不同的图景。1990年民族相互敌对开始后，双方的武力同时宣布尽力保护山地大猩猩。对这种猿类的崇尚之心直接出自对国家经济的考虑。大猩猩已经成为卢旺达第三大财政来源（前两位是咖啡和茶叶）。

战争的硝烟散尽，人们发现叛乱分子履行了自己的承诺：在卢旺达内战期间和其后的种族屠戮中，只有一只大猩猩被杀。

比尔向艾米提建议说：“别忘了我们工作的目的是什么，一定要**抽时间**走出去，去野外。”

于是，艾米一有时间就会回到**非洲**。

12

帕布鲁带来的惊喜

种族灭绝带来的冲击扩散到了卢旺达之外。当屠杀开始时，两百多万人越过东部边境逃往刚果。

大屠杀后的几年里艾米多次重返卢旺达。一次她开车路过一个难民营，看到那里的人们表情平和安静，感到有些吃惊。他们在难民营里已经待了两年，目睹太多的苦难煎熬，但仍要在这种不知要待多久的恶劣条件中尽最大努力生活着。很多人四周转着，聊天。孩子们在简易帐篷之间排队玩耍。

艾米（左页图）协助卢旺达小学生观察黑颊猴。艾米认为教育是生态保护的关键，能够帮助学生学会欣赏自然生态，爱护山地大猩猩（上图）等野生动物。

熟悉的土地

艾米作为WCS小组的成员参观了卡胡兹－别加国家公园 (Kahuzi-Biega National Park)，调查低地大猩猩。艾米在公园中着手开展工作，回想起了她作为和平队志愿者初来此地时的情景。自从她第一次看见大猩猩，20年过去了，这里发生了很多变化。

几千只卡胡兹公园的大猩猩在战争中被人捉住，武装叛乱者杀死了其中的一部分，把它们的肢体拿到黑市上变卖以期快速生财。谁也不清楚还剩下多少大猩猩。高地上的统计显示数量下降得很快。公园员工为保护大猩猩尽其所能、不遗余力，很多人在战争期间留了下来，保卫园区为大猩猩提供防御，甚至领不到工钱的时候也没有弃园而去。

1996 年普查卡胡兹－别加国家公园大猩猩数量时，艾米和她的研究小组的同事们在一起。

但是，这一地区的政治局势尚未恢复正常。考察开始几周后，当地刚果人向艾米的小组通告说，这里还会出现动乱，他们最好结束考察离开此地。有传言说有人悬赏 1000 美元，要美国人的人头。艾米跟其他三个美国研究人员既感到自身渺小脆弱，又对这些十分常见的谣传半信半疑。一天晚上他们在篝火边说起这事儿时，有人惊叹说："嗬，1000 美元啊！他们在我们这儿一下子就能拿到 4000 美元呢！"

他们并不知道这传言已经上了世界报纸。在家乡，艾米的母亲玛丽恩打电话问比尔，"艾米是不是在那儿？"比尔安慰她说，艾米不会出事的。直到几周后艾米安全返回，全家人这才松了一口气。

脱下旅行靴，换上花衣裙

1993 年，也就是卢旺达种族屠杀的前一年，艾米接替比尔的职务，指导野生生物保护学会的非洲项目。这时，她丈夫送她几句忠告："别忘了我们工作的目的是什么，一定要找时间走出去，去野外。"因此，艾米一有时间就会回到非洲，走访 WCS 的研究人员，关心他们对大猩猩、大象、羚羊、狒狒、黑猩猩和森林野猪等野生动物的研究现状。她也花时间同政府官员接触，这意味着今天她要穿着浸透汗水的野外服去泥泞的林间跋涉，明天又得换上短衫长裙、穿便鞋、戴耳环，精力充沛地出席同高官们的会谈磋商。

妈妈一走就是一个多月，对此诺亚跟伊桑已经习以为常。艾米在家的时候，比尔就经常外出，从事他担任WCS北美项目主任的新工作。他们两人在一起的时间实在太少了，但艾米和比尔相互协调外出计划，让家里总有一个人跟孩子们在一起，辅导他们做作业，教他们玩曲棍球和足球。

父母之间有一个外出，就总有另一个陪着孩子们。这让兄弟间的感情和依赖变得更加紧密。

把丛林带进布朗克斯

由于野生生物保护学会设在纽约市的布朗克斯动物园，艾米的一部分工作就是同动物园的职员们设计各种展会，教育游人野生动植物及其保护的知识。20世纪90年代末，艾米协同动物园建设了一个特殊的展会，向世人展示非洲刚果的森林奇观。

1999年6月，艾米和刚果总统偕同一批代表团成员参加布朗克斯动物园的刚果丛林展开幕庆典。

居住在"布朗克斯的刚果"中的居民包括低地大猩猩（上）和其他灵长类动物、色彩斑斓的鸟类、红河猪、两栖类和爬行类动物。

参观者们漫步于大树枝叶的篷盖下，沿着大象的脚印进入雾气氤氲的非洲雨林中心地带。沿途的每一个站点都好像艾米·维德尔记忆之书中的一页——疣猴们栖息的大树，诺亚和伊桑喜欢捉玩的脚掌大小的千足虫，还有聚在小溪、水滩边色彩绚丽的山魈家族。

参观者最后才发现自己置身于一个灯光渐暗的圆形剧场中，观看一部艾米主演的 8 分钟精彩影片。影片把参观者带入丛林，一群大象在坑边饮水，大猩猩一家在缓慢穿越浓密的森林。艾米跟刚果研究人员跟踪大猩猩时，见到一堆树叶做成的窝。前一天，一只大猩猩曾在这里过夜。就在这个树叶窝边，他们发现了几个击发过的子弹壳。这一发现让观众里的孩子们吃惊得大气不喘。

不过，影片还是带着对大猩猩保护的成功希望而结束：当银幕变暗，一帘大幕慢慢拉开，将一个真真切切的大猩猩家庭展现在人们面前。大猩猩们在一片草地上休憩，动静平和泰然。

这个展览意在展示两个大猩猩家庭在野外环境下的生活——参天大树和断枝残叶为小孩子们呈现了一片完美的山野景观，雨林中出现的空洞树干则是干旱季节的小小缩影，空旷的草地则为大猩猩们提供了午前小睡的温馨惬意之所。

刚果展上随处可以感受到一个十分清晰的主题，也是艾米信奉的座右铭——发现、参与、保护，也就是发现事实（研究野生生物），融入当地人民，保护野生动物和栖息地。

展览结束时，参观者们投票决定如何把他们3美元的参观门票钱用在野生生物保护上。展览自1999年开创以来，所收款项用于支付非洲的"生态卫士"们的工资。他们在受保护的森林中巡逻，警戒偷猎活动。展览的收益也保护了非洲森林的野性状态，让在此生活的黑猩猩、大猩猩和大象们尽可能不受人类活动的干扰。

渐行渐远

1999年，艾米在WCS就任新职，负责整个北美和亚洲的生态保护项目，关注野生动物与人类发生冲突的区域更大，更广泛了。其中一个项目是大黄石生态系统。22岁的诺亚在此加入了野生勘探组，研究北美山狗和叉角羚。伊桑已经18岁，他也表现出对科学的兴趣，目前在大学就读，准备日后当一名科学教师。艾米的另一个保护项目设在阿第伦达克山脉（Adirondacks），艾米和比尔在附近不远拥有一座小房子，她父母原来也有座小房子在那儿。

艾米也监管一些她尚未涉足之地的保护事务。这些项目旨在保护所有的野生生物，从伯里兹海岸线生活在珊瑚礁中的海洋动物，到亚马孙雨林里的美洲虎、鹦鹉和猴子；从非洲的大象、猿类和尼罗河鳄鱼到蒙古瞪羚。不过，卢旺达一直在艾米心中萦绕，从来不曾远去。

大猩猩的王朝

这些年，艾米·维德尔多次回到卢旺达。2000年她重游维索凯山，看一眼她的老朋友。登山途中她又看到了一个个熟悉的标志——岩石墙、倒伏的大树、往靴子里猛灌的稀泥，但她还注意到山路不像原来那样绿树成荫了，不少树木在大屠杀和其后的年月里遭到砍伐。

算得上圆满结局吗？帕布鲁已经长大，成了有记录以来最大山地大猩猩群体的首领。日后，坎茨比（右）将成为帕布鲁王朝的继任者。

在维索凯的山巅，艾米深吸一口，让肺腑间充满山间的稀薄空气。她艰难地呼吸着，然后静静倾听大猩猩的声音。她知道它们就在附近。当听到大猩猩脚步吱嘎声时，她的心跳加快了。她踮起脚尖，穿过浓密的灌木丛，眼前立刻展现出一个梦境般的场面：几十只大个头、毛茸茸的大猩猩正在山脊间进食。

艾米巡视了一下大猩猩群，发现了帕布鲁，那个22年前想把艾米当母亲的顽皮小家伙。现在，帕布鲁已经长成一只银背，有了自己的家族。艾米曾对这小家伙能否执掌自己的群落心存怀疑，但

帕布鲁打消了她的顾虑。它俨然一位仪态威严的领袖，统领着44只大猩猩——这是有记录以来最大的一个大猩猩群。

总有一天帕布鲁会跟他的父亲一样，让位于更年轻、更富活力的统治者。实际上，在艾米跟比尔、诺亚和伊桑于2003年再次寻访时，伟大的帕布鲁的确已经退位，被一只更年轻的银背取代。新领袖也曾是艾米大家庭中的成员——坎茨比。就是它当年要解开五岁诺亚的鞋带，试探一下他的勇气。坎茨比当上了帕布鲁王朝的

首领后，"第五群"的大猩猩总数增至 51 只！

实际上，维龙加火山的山地大猩猩自 1978 年的 260 只增加到 2004 年的 380 只。艾米欣喜地看到帕布鲁和其他大猩猩历经多次劫难幸存下来，达到了所有预期。好事还不只这些：为了进一步保护未来的野生环境，纽恩威森林马上就要成为国家公园了。

自艾米和比尔第一次来到卢旺达协助拯救大猩猩算起，时间已经过去了 25 个年头。当时的大猩猩种群数量似乎意味着它们注定灭绝，而今天正在走向繁荣兴旺。一度面临开发的栖息地现在也受到了保护，以保护那些独一无二的野生居民。"我们——还有不少全心投入的卢旺达人——的确让这一切发生了变化。"艾米默想着，沉湎在自己的思绪里。然后，艾米·维德尔依依不舍地回转身，走下了山。

艾米·维德尔的生活纪录

1951　　3月24日，艾米·维德尔出生。

1959　　世界著名生态学家乔治·夏勒花了一年时间研究山地大猩猩，揭穿了所谓大猩猩是"金刚"般的魔兽的神话。他估计维龙加大猩猩的数量大约在400~500只。

1967　　黛安·弗茜去非洲研究大猩猩。

1968　　艾米在宾夕法尼亚州斯瓦兹摩尔大学就读，一年级时相遇后来成为她丈夫的比尔·韦伯。

1972　　艾米跟比尔结婚，两人在斯瓦兹摩尔大学校园草坪上举行了婚礼。

1973　　艾米大学毕业，获得生物学学士学位。不久，她和比尔加入了和平队，前往非洲。研究家们确认维龙加山地大猩猩数量下降到250~275只，濒临灭绝。

1975　　艾米和比尔回到美国，寻找一所研究生院以便艾米研究大猩猩的生态，并保证比尔从社会科学转到野生动物保护学科的研究。他们开始在麦迪逊的威斯康星大学学习。

1977　　因大猩猩研究学者黛安·弗茜而家喻户晓的山地大猩猩迪基特在卢旺达被杀。

1978　　艾米和比尔到达黛安·弗茜在卡里索凯的野外观测站。几周后，他们救下一只被非法运出火山国家公园的大猩猩，并为之命名为"韦祖"。"第四群"的大猩猩被偷猎者猎杀。比尔完成大猩猩普查，确认卢旺达尚存260只山地大猩猩。数量稳定，且有不少年轻的大猩猩。

1979　　"山地大猩猩计划"正式启动。

1980　　诺亚·杰哈特·韦伯于11月1日出生。

1982　　艾米获得威斯康星大学的动物学硕士学位。

1983　　艾米回到非洲，在布隆迪进行为期四个月的工作。

1985	伊桑·海勒·维德尔于 3 月 1 日出生于威斯康星州麦迪逊。艾米带着诺亚和伊桑回到卢旺达同比尔汇合。12 月 26 日，黛安·弗茜在她卡里索凯站的小屋被杀。艾米开始了纽恩威森林的野外生物勘察工作。
1987	比尔担任野生生物保护学会（WCS）所属一项国际计划的副主任。艾米留在卢旺达完成纽恩威森林的野外工作。
1988	艾米同家人返回，搬进纽约的新家。艾米开始在福特汉姆大学教生态学。
1989	艾米获得威斯康星大学的动物学博士学位。她成为 WCS 生物多样性计划（Biodiversity Program）的协调人。
1990	卢旺达爆发政治动乱。
1993	艾米被提拔为 WCS 非洲项目经理。
1994	卢旺达种族灭绝屠杀开始。三个月内，有 80 万图西人被杀。
1995	艾米回到卢旺达，发现她的不少朋友和同事在大屠杀中失踪或被杀。卢旺达的人口降至 480 万。
1996	艾米参加对刚果民主共和国的卡胡兹－别加国家公园大猩猩的数量普查。
1999	朗克斯动物园举办刚果大猩猩森林展。艾米担任 WCS 的"生存前景"计划（Living Landscape Program）主任；开始监查指导全世界范围的野生生物保护项目。
2000	艾米造访帕布鲁，它已经成为有记录以来最大的山地大猩猩群的首领。
2003	艾米同比尔、诺亚和伊桑再访山地大猩猩，帕布鲁的家庭变得更大。
2004	纽恩威森林成为世界上最新的国家公园。艾米为亚洲、拉丁美洲以及非洲和美国的野生生物保护事业继续工作着。

术语表

　　本书讲的是一位研究灵长类动物的生物学家的故事。书中涉及了一些专用科学词汇，为便于读者理解词意，了解一些希腊语和拉丁文背景知识对我们很有帮助。我们就从 biology（生物学）这个词开始，这个词来源于希腊语的 bios，意思是"生命"，拉丁语中的 logia 是"科学"的意思。因此，biologist 就是"研究生命有机体的科学家"。

　　单词 primate（灵长类动物）来自拉丁文的 primus，是"第一"或者"长者"、"领导"的意思。灵长类动物包括哺乳动物中的猿、猴以及我们人类。因此，primatology（灵长类动物学）就是研究灵长类动物的，尤其是研究除现今人类以外的那些灵长类动物。primatologist 就是灵长类动物研究学者。

　　下面列出了书中出现的其他一些科学词汇，要了解更多词汇知识，就去请教你的词典吧。

顶棚，棚盖(canopy)：本书中指雨林中植物顶部枝杈形成的伞状树冠。

人口普查(census)：官方就某一地区人口数量进行统计。本书指对动物种群所做的总数普查。

条件、环境(condition)：为了解动物的习性而将其置于特定的环境和状态。

心肺复苏术(CPR,cardiopulmonary resuscitation)：病人停止呼吸、心脏停跳时施行的抢救措施，源于希腊语的 cardia，意为"心脏"，和拉丁词汇 pulmonarius，意为"肺"。

粪(dung)：动物或昆虫的排泄物。

生态学(ecology)：研究植物、动物以及其他生命同所处环境关系的学科。词源为希腊语汇 oik，意为"环境"。

昆虫学(entomology)：研究昆虫的学科，源自希腊语单词 entomon，意为"昆虫"。

种族清除，种族灭绝(ethnic cleaning)：因种族或信仰不同而大规模屠杀某种族的人，也称 genocide。

灭绝(extinct)：动物或植物种类的死亡或彻底消失，源自拉丁词汇 exstinctum，意为"灭绝"。

栖居地，生活环境(habitat)：动物或植物的天然生存环境。

假设，假说(hypothesis)：一种可能的解说或理论，可以由观察或试验予以测定它的真伪。

鼻纹(noseprint)：大猩猩鼻子上的深线条使表皮起皱，从而形成一种图案，就叫做鼻纹。每只大猩猩都具有自己独特的鼻纹，因此研究者们用鼻纹来分辨它们。

营养，营养物质(nutrients)：指食物中所包含的蛋白质、碳水化合物、维生素和矿物质等，是保持身体健康所必需的物质。拉丁文中的 nutrient 是"滋养"的意思。

鸟类学(ornithology)：研究鸟类及其身体结构、生活周期和行为等。

偷猎者、侵入者(poacher)：非法猎杀动物的人。

银背(silverback)：成年的雄性大猩猩，其后背上有一撮银色的毛发。

陷阱、圈套的统称(snare)：系由一个或多个套索组成的装置，用来捕捉动物。

物种(species)：具有多种共同属性的生命群体，可以通过交配繁殖后代。

亚种(subspecies)：物种内部的细分，指具有明显共性特征的种群。

地形图(topographic map)：一种显示地貌明显变化特征的地图，源自希腊语单词 topos，意思是"地点"。

动物学(zoology)：动物学的一个分支，主要研究动物。

延伸阅读

网络上的《走进女科学家的世界》

本书让你认识了艾美·维德尔，对她的工作有了一个较为全面的了解，而这也一定激发了你的求知兴趣，希望了解更多的知识吧？你知道野生生物学家是些什么人？天文学家如何工作？法庭人类学家或者机器人设计师是干什么的？登陆女科学家探索网（www.iWASwondering.org），你不但很容易找到这些问题的答案，还可以开始自己充满奇趣的科学探索。在这里你可以玩益智游戏，欣赏幽默节目，还可以亲身体会当科学家的滋味。享乐之余，你还有机会同那些了不起的女科学家们相遇，她们的努力和作为改变了我们的世界。

图书

《大猩猩》(Gorillas)，保罗·赫尔曼·布格尔与曼弗雷德·哈特威格合著，明尼阿波利斯，Carolrhoda 出版社1992年版。该书以全彩图片和生动文字将读者带入一次生动的探寻维龙加山地大猩猩之旅。

《大猩猩》(Gorillas)，塞摩尔·赛门著，纽约，Harper Trophy 出版社2003年版。此书文图并茂，涉及大猩猩种群四个亚种中的三个，详尽介绍了它们的体形差异、栖息地、摄食习惯和行为特征。

《大猩猩，自然历史和保育》(Gorillas：Natural History & Conservation)，凯利.J·斯图瓦特著，明尼阿波里斯静水，旅行者出版社2003年版。此书为已故科学家黛安·弗茜的研究助手所写的专著，配有彩图。

《在大猩猩的王国——危险土地上的脆弱物种》(In the kingdom of Gorillas：Fragile Species in a Dangerous Land)，比尔·韦伯与艾米·维德尔合著，纽约，Simon and Schuster 出版社2001年版。这是夫妇合写自传性作品，详尽描述了他们二人在卢旺达的科学历险，他们参与拯救濒危山地大猩猩，使其免遭灭绝。

网站

非洲野生动物保护基金会大猩猩主页： http：//www.awf.org/wildlives/149

实时刷新的新闻和非洲地区保育工作的进展，保护卢旺达、乌干达和刚果的山地大猩猩栖息地的情况。

黛安·弗茜大猩猩国际基金会：http：//www.gorillafund.org/

点击此网站，了解 DFGFI（黛安·弗茜大猩猩国际基金会）目前的活动和野外研究情况。该基金会由黛安·弗茜于 1978 年创立，旨在保护非洲的大猩猩及其栖息地。

探索山地大猩猩的生活环境：http：//www.cotf.edu/ete/modules/mgorilla/mgbiology.html

在 NASA 的未来站点教室探索非洲大猩猩的社交行为、栖息地和摄食情况。

野生生物保护学会大猩猩网页：http：//www.congogorillaforest.com/congoconservationchoices/congogorillaconservation

从此开始你的虚拟旅行，同布朗克斯动物园中刚果大猩猩森林的居民亲密接触。

世界野生动物基金会大猩猩网页：http：//www.worldwildlife.org/gorillas/subspecies.cfm

了解非洲的山地大猩猩的四个亚种如何走上复兴之路。

参考书目

在撰写本书的过程中，除了对艾美·维德尔及其家人、朋友以及同事做过多次访谈外，作者也大量阅读了其他著述，其中包括：

《雾中的大猩猩》，黛安·弗茜著，波士顿：马里纳出版社 2000 年版

《大猩猩，维龙加山的求生之战》，迈克尔·尼科尔斯，乔治.B·夏勒，南·理查森著，纽约：Aperture 出版社 1992 年版

《大猩猩之年》，乔治.B·夏勒著，芝加哥：芝加哥大学出版社 1988 年版

《在大猩猩的王国——危险土地上的脆弱物种》，比尔·韦伯与艾美·维德尔合著，纽约：Simon and Schuster 出版社 2001 年版